Über das Buch:

Erfahren Sie in Doreen Virtues *Engel-Astrologie*, welche Erzengel Ihr Geburtshoroskop beeinflussen. Zusammen mit der bekannten Astrologin und Engeltherapeutin Yasmin Boland entstand das erste Buch, das sich eingehend mit den Wechselwirkungen von Astrologie und der Welt der Engel befasst. Die zwölf illustrierten und leicht verständlichen Kapitel beschreiben nicht nur die persönlichen Eigenschaften des jeweiligen Zeichens (Sonne, Mond, Merkur, Venus, Mars und Aszendent), sondern auch den jeweiligen Erzengel, der damit assoziiert wird. *Engel-Astrologie* ist perfekt für alle, die erstmals in diese Themen reinschnuppern, bietet aber auch neue Erkenntnisse für alle, die sich schon länger mit Engeln oder Astrologie befassen.

Über die Autorinnen:

Engel – die unbekannten Wesen? Nicht für *Doreen Virtue*. Die Amerikanerin, die in Kalifornien lebt, ist Psychologin, Familientherapeutin und Autorin. Sie hat sich der Metaphysik verschrieben und knüpft damit über ihre wissenschaftliche Ausbildung an die hellseherischen Begabungen an, die ihrer Familie nachgesagt werden. Seit mehr als 20 Jahren veranstaltet Virtue weltweit Workshops, in denen sie Menschen mit der Bedeutung von seelischer Gesundheit und Spiritualität vertraut macht. Ihre Bücher – insgesamt veröffentlichte die Autorin über 20 – finden auch in Deutschland ein Millionenpublikum.

Yasmin Boland zählt zu den über zwanzig erfolgreichsten astrologischen Autorinnen der Welt. Ihre Veröffentlichungen sind mittlerweile in Australien, Kanada, Indien, Portugal und Großbritannien erschienen. Yasmins kulturelles Erbe entstammt neben ihren irischen Wurzeln den mystischen Inseln Maltas.

Doreen Virtue
und Yasmin Boland

Engel-
Astrologie

Entdecke die Engel
deines Geburtshoroskops

Aus dem Amerikanischen
von Daniela Graf

L.E.O. Verlag ist ein Imprint der Scorpio Verlag GmbH & Co. KG,
herausgegeben von Michael Görden

Published by Arrangement with Hay House Inc., Carlsbad,
CA, USA. Die Originalausgabe ist erstmals 2014
bei Hay House Inc. erschienen.
Titel der amerikanischen Originalausgabe: Angel Astrology 101
© 2014 by Doreen Virtue and Yasmin Boland
© der deutschen Ausgabe 2014: L · E · O Verlag
in der Scorpio Verlag GmbH & Co.KG, München
Umschlaggestaltung: Torge Niemann, WRAGE
Satz: FranklDesign, München
Druck und Bindung: Druckerei C.H. Beck, Nördlingen
ISBN 978-3-95736-021-2

Mehr über unsere Bücher
www.leoverlag.de

Inhalt

Einleitung

Engel und Astrologie

Astrologie ist eine uralte Form des Prophezeiens und Heilens, die auf den Beobachtungen unserer Vorfahren von Sonne, Mond, Planeten und Sternen basiert. Es ist ein bisschen wie beim Tarot – die genaue Entstehungsgeschichte der Astrologie ist bis heute ungewiss und enthält viele Lücken (moderne Astrologen versuchen, diese fehlenden Informationen wieder aufzuspüren).

Viele Historiker vermuten, dass die Astrologie als direkte Antwort auf das Bedürfnis der Menschen entstand, mit den Jahreszeiten zu arbeiten. Lange vor dem Aufkommen der organisierten Landwirtschaft brauchten Männer und Frauen Informationen darüber, wann es zum Jahreszeitenwechsel kommen würde. Sie wollten wissen, wann es heiß oder kalt sein würde, wie die Gezeiten wechseln oder wann bestimmte Pflanzen besser gedeihen würden. Sie mussten in der Lage sein, zumindest in gewissem Maße vorherzusagen, was geschehen würde. Schon bald erkannten sie, dass sie die sich wiederholenden Zyklen von Sonne und Mond nutzen konnten, um schon im Voraus vieler dieser Informationen zuverlässig zu sammeln.

Archäologen haben Höhlenzeichnungen entdeckt, die belegen, dass Mondzyklen (also beispielsweise Vollmond oder Neumond) schon vor 25000 Jahren aufgezeichnet wurden. Die Menschen lebten damals meist im Freien und waren vollkommen mit der Natur verbunden, also war es auch ganz natürlich, dass sie im Einklang mit diesen Zyklen lebten.

Zuerst haben unsere Vorfahren also herausgefunden, wie sie die Bewegungen von Sonne, Mond und deren Beziehung zu den Sternen vorhersagen konnten. Danach kam die Entdeckung der Planeten in unserem Sonnensystem. Die inneren Planeten, Merkur und Venus, sowie die äußeren Planeten, Mars, Jupiter und Saturn, können mit dem bloßen Auge wahrgenommen werden. Sie wurden alle von den Astronomen des alten Babyloniens etwa 2000 Jahre vor Christus identifiziert. Neptun, Uranus und Pluto wurden entdeckt, nachdem man im Jahre 1608 das Teleskop erfunden hatte.

Zunächst bemerkten unsere Vorfahren wiederkehrende Muster zwischen den Geschehnissen um den Neumond herum, im Gegensatz zu den Ereignissen bei Vollmond. Später begannen die Sternenkundler Korrelationen zwischen den Bewegungen der Planeten und dem Leben hier auf der Erde festzustellen. Einfacher ausgedrückt, zeichneten sie also die Winkel der Planeten auf ihrem Weg um die Sonne auf. Dann beobachteten sie, was währenddessen unten auf der Erde so vor sich ging. Die Astrologen begannen einige der Winkel als *harmonisch* und andere als *disharmonisch* einzuordnen. Stellen Sie sich vor, dass einige dieser Winkel wie wunderschöne Musik klingen, während andere eher dissonante Töne sind. Und die Aufgabe der Astrologen ist es, ein tiefes Verständnis für diese sphärische Musik zu entwickeln.

Der mutmaßliche Vater der Astrologie war ein Mann namens Hermes Trismegistus, über den Doreen in ihrem Buch *Medizin der Engel* schrieb. Doreens Recherchen ergaben, dass Hermes ein großartiger Lehrer und Führer in Atlantis war und danach in Ägypten, gleich nach der Sintflut. Er gilt als Enkel des ersten Mannes, Adam, und wird auch im Zusammenhang mit der Wendung »Wie oben, so unten« erwähnt, welche er auf die berühmten Smaragdtafeln schrieb, als Teil seiner hermetischen Lehren. Der Ausdruck bedeutet: *Was oben im Himmel geschieht, spiegelt sich hier unten auf der Erde wieder.* Wenn man dann noch an Trismegistus' Aussage denkt, dass »wir alle mit allem Lebendigem überall verbunden sind«, dann erscheint es nicht mehr so weit hergeholt, dass wir auch alle mit den Planeten verbunden sind.

***

Die alten Babylonier, Ägypter, Inder, Araber, Griechen und auch die Kabbalisten in der jüdischen Tradition hatten alle ihren Einfluss auf die Entwicklung der Astrologie, so wie wir sie heute kennen. Irgendwann erkannten unsere Vorfahren Muster bei den Charaktereigenschaften der Menschen, die von deren Geburtszeit und -datum abhängig waren. Diese Beobachtungen wurden zur Grundlage der modernen Geburtsastrologie.

Obwohl die Astrologie keine wirkliche Wissenschaft ist, gibt es einige alte Weisheiten, die ihr Glaubwürdigkeit verleihen. Wie Sie beim Lesen dieses Buchs sehen werden, hat jedes Sternzeichen seine Stärken, aber auch seine Schattenseiten. Mit Ihren Stärken können Sie für andere eine Hilfe sein, während Ihre Schattenseiten dafür da sind, um an ihnen zu arbeiten, sodass sie dadurch heilen können.

Anfangs war es eine Seltenheit, dass jemand sein Geburtsdatum kannte, wenn man kein König oder eine Königin war – ganz zu schweigen von der Geburtsstunde. Die Astrologie der Antike hatte nur wenig mit dem zu tun, was wir heute unter Astrologie verstehen. Für gewöhnliche Leute erstellte man keine Geburtshoroskope. Nur Könige verfügten damals über Hofastrologen, die darüber Auskunft gaben, wenn Planeten harmonisch oder kritisch zueinander standen. Sie informierten ihren König darüber, wann es günstig wäre, beispielsweise eine Allianz zu beenden oder einen Feind anzugreifen.

Moderne Astrologie

Wenn man heutzutage einen Astrologen zurate zieht, wird man nach seinem Geburtsdatum, der Geburtszeit und dem Geburtsort befragt. Durch diese Informationen kann der Astrologe herausfinden, wie die Planetenkonstellation am Tag Ihrer Geburt gewesen ist. Außerdem ist er dann in der Lage zu erkennen, ob die Planeten an jenem Tag zusammen wunderschöne Melodien formten oder in heftigem Konflikt standen. Das nennt man *Geburtsastrologie*.

Vielleicht kommt alles, was Sie bisher über Astrologie erfahren haben, aus Zeitungen und Zeitschriften. Das nennt man Sonnenastrologie, da sie sich hauptsächlich auf Ihr Sonnenzeichen konzentriert, das Ihr Ego repräsentiert. Diese Art von Astrologie ist so etwas wie ein Schnellschuss im Vergleich zu einer gründlichen Analyse Ihres kompletten Geburtshoroskops. Im Grunde ist daran auch überhaupt nichts auszusetzen.

Durch Zeitungsrubriken oder bestimmte Magazinseiten kommen die meisten Leute zum ersten Mal mit Astrologie in Berührung. Diese Art von Astrologie ist sehr leicht zugänglich und kann ein exzellentes Vehikel für göttliche Botschaften aus dem Kosmos sein. Doch die Horoskope in Zeitungen und Zeitschriften haben einen eher schlechten Ruf, da sie im 20. Jahrhundert meist von Büropraktikanten geschrieben wurden, die zugleich auch für frischen Kaffee zuständig waren. Das alles hatte überhaupt nichts mit richtiger Astrologie zu tun. Die Zeiten haben sich jedoch geändert, und heutzutage haben die meisten Kolumnen, die von den Medien veröffentlicht werden, qualifizierte Astrologen hinter sich stehen.

Viele moderne Oberhäupter, einschließlich des früheren Präsidenten Ronald Reagan und Frankreichs Präsidenten Jacques Chirac und François Mitterund, haben/ hatten Astrologen in ihren Teams. Viele Astrologen glauben, dass Präsident Barack Obama auch einen Astrologen zur Seite hat, da so viele seiner öffentlichen Erklärungen und Handlungen zu astrologisch günstigen Zeitpunkten stattfanden.

Übrigens, vielleicht interessiert es Sie, dass der Amtsantritt von Präsident Obama zu einem äußerst ungünstigen Zeitpunkt erfolgte. Als er vereidigt wurde, stand der Mond am Ende eines Zeichens (bevor er in das nächste übergehen würde). Es wird gesagt, dass jegliches Vorhaben, das zu solch einem Zeitpunkt geschieht, keine Früchte tragen wird. Wie Sie sich vorstellen können, bekamen Astrologen weltweit hysterische Anfälle (besonders amerikanische Demokraten), dass Präsident Obama unter solch einem Mond vereidigt werden sollte.

Aber erinnern Sie sich, was passierte? Obama versprach sich bei dem Ereignis, sodass die Vereidigung später im Oval Office wiederholt werden musste. Wie ausgesprochen günstig, denn zu diesem Zeitpunkt war der Mond nicht länger am Ende eines Zeichens! (Es sollte vielleicht hinzugefügt werden, dass Mr. Obama nie bestätigt oder dementiert hat, einen Astrologen zu beschäftigen.)

Spirituelle Astrologie

Natürlich profitieren nicht nur Könige, Königinnen oder Präsidenten von der Astrologie. Die Astrologie ist ein Weg der Selbsterkenntnis, dem sich jeder anvertrauen kann. Durch die Astrologie können Sie Ihre Persönlichkeit verstehen, Ihre Beziehungen, Stimmungen, Energiezyklen und sogar Ihren Daseinszweck. Die Astrologie kann auf jedem religiösen oder spirituellen Weg angewandt werden, da sie eine altehrwürdige Tradition ist, um das eigene Lebensbuch zu entschlüsseln.

Einigen Christen wurde beigebracht, sich vor der Astrologie zu fürchten, und wir respektieren vollkommen die religiösen Überzeugungen aller Menschen. Trotzdem ist es interessant, dass viele glauben, die heiligen drei Könige aus der Bibel seien auch Astrologen gewesen! Sie folgten dem Stern von Bethlehem. Im Jahre 1600 hatte Johannes Kepler, eine Schlüsselfigur der wissenschaftlichen Revolution des 17. Jahrhunderts, die Hypothese aufgestellt, dass dieser Stern in Wahrheit eine Konjunktion von Jupiter und Saturn war. Es ist überliefert, dass diese drei Astrologen von Gott geführt wurden, um Jesu Geburt zu ehren.

Im alten Babylon war es normal, das Studium der Himmelsbewegungen (Astronomie) mit Professionen wie Medizin, dem Priestertum oder dem Lehramt zu verbinden. Und obwohl viele Kirchen heutzutage die Astrologie eher geringschätzen, besitzen viele alte Synagogen und Kirchen atemberaubende Decken- und Bodenmosaike, welche die zwölf Zeichen des Tierkreises darstellen.

In San Miniato in Florenz, Italien, steht zum Beispiel die berühmteste Astrologiekirche Europas. Diese wunderschöne Basilika mit ihrem astrologischen Fußboden aus dem 13. Jahrhundert ist eine hinreißende Mixtur aus astrologischem und christlichem Symbolismus, so wie es im Mittelalter typisch war, bevor die Kirche ihre Meinung über die Astrologie änderte – obwohl diese altehrwürdige Praktik den Himmel ehrt und ihm huldigt.

Es gibt sogar Grund zur Annahme, dass Jesus selbst in Astrologie ausgebildet wurde. Zu der Zeit, als Jesus geboren wurde, gehörte es zu den Aufgaben eines chaldäischen Priesters, Kinder zu finden, die unter bedeutungsvollen astrologischen Konstellationen geboren wurden – wie unter dem Jupiter/Saturn-Stern von Bethlehem. Der Weise würde den Eltern Gaben bringen, um die Erziehung des Kindes finanziell zu unterstützen. Danach sollte er das intelligenteste dieser Kinder auswählen und ihm eine chaldäische Ausbildung angedeihen lassen, sobald es dafür alt genug war.

Wenn Sie sich mit der Bibel auskennen, dann wissen Sie, dass es eine erhebliche Zeitspanne in Jesus' Leben gibt – von der Geburt bis zum Alter von ungefähr 18 Jahren – über die man fast nichts weiß. Viele Experten glauben, dass Jesus die beste Ausbildung erhielt, die diese Ära zu bieten hatte: das Priestertraining, das praktische Astrologie genauso umfasste wie die Heilkunst. Viele glauben, dass Jesus der größte Heiler war, der je gelebt hat – aber war er auch Astrologe?

In seinem Buch *Secret Zodiac* schreibt Autor Fred Gettings: »Die wahren Bücher der esoterischen Astrologie des Mittelalters wird man nicht in Manuskripten finden, sondern im Stein und Marmor der mittelalterlichen Kirchen und Kathedralen.«

Viele Astrologen, die überzeugt sind, dass Gott will, dass die Menschen die Hinweise des Himmels entschlüsseln, weisen auf eine bestimmte Passage in der Bibel hin (Lukas 21:25), wo geschrieben steht: »Es werden Zeichen sichtbar werden an Sonne, Mond und Sternen.«

Und dann gibt es da noch diese Passage in der Schöpfungsgeschichte selbst – in Genesis – die zu suggerieren scheint, dass die Menschen von Gott dazu aufgefordert wurden, am Himmel nach Zeichen zu suchen:

Und Gott sprach: Es werden Lichter an der Feste des Himmels, die da scheiden Tag und Nacht und *geben Zeichen,* Zeiten, Tage und Jahre und seien Lichter an der Feste des Himmels, dass sie scheinen auf Erden. Und es geschah also. Und Gott machte zwei große Lichter: ein größeres Licht, das den Tag regiere, und ein kleines Licht, das die Nacht regiere, dazu auch die Sterne. (Genesis 1:14–16)

Yasmin erzählt: »Bei mir war es so, dass ich viel meditierte und betete, bevor ich mich dazu entschloss, mein berufliches Leben ganz der Astrologie zu widmen. Ich war mir bewusst, dass viele in der Kirche sich vor Astrologie fürchteten, da ich katholisch aufgewachsen war. Ich traute mich nicht einmal, meiner Großmutter von meinen neuen Studien zu erzählen. Doch je mehr ich über die Geschichte der Astrologie las, desto überzeugter wurde ich, dass die Astrologie von der Kirche über Jahrtausende sanktioniert worden war, bis sie auf einmal plötzlich ganz verbannt wurde. Ich bat Jesus um ein klares Zeichen, ob ich die Astrologie weiterhin als Karriereweg verfolgen sollte oder nicht. Nur ein oder zwei Tage später wurde ich darum gebeten, eine sehr renommierte und lukrative Horoskop-Kolumne zu verfassen.

Ich nahm das als Zeichen, dass ich vom Himmel bei meinem Streben nach einer astrologischen Karriere unterstützt wurde!«

Astrologie und Engel

Genauso wie jeder ein Geburtshoroskop hat, so hat auch jeder seine speziellen Schutzengel. Das sind persönliche Engel, die schon vor der Geburt bei Ihnen sind, Ihr ganzes Leben über und später im Himmel, wenn Sie sich von Ihrem physischen Dasein verabschiedet haben. Schutzengel sind keine verstorbenen Verwandten, sondern egolose himmlische Wesen, die Gottes Wunsch nach Frieden durch jeden von uns zu verbreiten helfen.

Ihre Schutzengel schenken Ihnen immerfort Liebe, Unterstützung und Führung. Sie geben außerdem ihr Bestes, um Sie zu beschützen – vorausgesetzt, dass Sie Ihre Führung in Form von warnenden Gedanken, Bauchgefühlen oder Zeichen auch bemerken und befolgen.

Zusätzlich zu den persönlichen Schutzengeln bieten die Erzengel ebenfalls Führung und Schutz. Erzengel sind große, machtvolle Engel, welche die Aufsicht über die Schutzengel haben. Jeder Erzengel hat sein Spezialgebiet. Erzengel Michael bietet beispielsweise Schutz und Mut, Raphael ist für Heilung verantwortlich, Gabriel überbringt Botschaften und überwacht die Kindererziehung, Uriel bringt Licht ins Dunkel und so weiter.

Der gesamte Himmel respektiert den freien Willen der Menschen, daher werden Ihnen die Engel und Erzengel Ihre Führung niemals aufdrängen. Sie werden eher abwarten, bis Sie zu Gott beten oder um Hilfe und Unterstützung bitten. Nur dann dürfen Engel und Erzengel eingreifen.

Glücklicherweise ist es nicht wichtig, *wie* Sie um himmlische Hilfe bitten – ob nun mit formellen Gebeten, Affirmationen, einer inständigen Bitte, einem Brief oder einer Visualisierung. Es spielt allerdings eine wichtige Rolle, dass Sie um Hilfe bitten.

Erzengel sind größer und mächtiger als Schutzengel. Viele Leute kennen die ikonischen vier Erzengel Michael, Raphael, Gabriel und Uriel. Zusätzlich gibt es Hunderte anderer bekannter und nicht ganz so bekannter Erzengel, die vertrauenswürdige und wohlwollende Boten Gottes sind. In diesem Buch arbeiten wir mit zwölf heiligen Erzengeln zusammen, die ich (Doreen) gründlich studiert habe und mit denen ich tief verbunden bin.

Die Spezialität jedes Erzengels korrespondiert mit den Eigenschaften, die mit dem jeweiligen Sternzeichen assoziiert werden. Das heißt nicht, dass diese Erzengel nur mit diesem einen bestimmten Sternzeichen arbeiten. Erzengel sind grenzenlose Geschöpfe, die mit jedem zusammenarbeiten, der sie anruft.

Doch da die Erzengel ganz bestimmte Rollen und Charaktereigenschaften haben, sind sie jeweils einem der Sternzeichen zugeordnet. In diesem Buch haben wir genau aufgeführt, wie man zu mehr Verständnis über sich selbst sowie zu mehr Freude im Leben finden kann, wenn man sich mit den Erzengeln verbindet, die dem eigenen Geburtshoroskop zugeordnet sind.

Wir haben jedem der 12 Sternzeichen je ein Kapitel gewidmet, sowie dem entsprechendem Erzengel, der diesem Zeichen zugeordnet ist. Zusätzlich haben wir jedes Kapitel unterteilt, um jeweils auf Sonne, Mond, Merkur, Venus, Mars und die Aszendenten einzugehen. Lesen Sie jeden Abschnitt, der für Ihr Geburtshoroskop relevant ist, um herauszufinden, welcher Erzengel mit Ihnen und Ihrem Zeichen arbeitet. Schlussendlich werden Sie über bis zu sechs Erzengel lesen – einer für Ihr Sonnenzeichen, Ihr Mondzeichen, Ihren Merkur, Ihre Venus, Ihren Mars und Ihren Aszendenten.

Die Begriffe definieren

Wenn Sie Anfänger in Sachen Astrologie sind, dann finden Sie den ganzen Fachjargon anfangs bestimmt verwirrend. Aber halten Sie durch, denn wenn Sie dranbleiben und das Material gründlich studieren, wird alles schon bald einen Sinn ergeben. Im Grunde meinen wir, wenn wir von Ihrem »Geburtshoroskop« sprechen, die Himmelspositionen, die mit dem Moment in Verbindung stehen, in dem Sie geboren wurden.

Wie Sie vielleicht wissen, benutzt die *Astronomie* (die Wissenschaft der Sterne und Planeten) das uralte System der »Konstellationen«. Unsere Vorfahren hatten kein Fernsehen und verbrachten viel Zeit im Freien. Als sie in den Himmel blickten, sahen sie Formen in den Umrissen der Sterne und Planeten. Es war wie eine gigantische Punkt-zu-Punkt-Zeichnung.

Sie projizierten ihre kulturellen und religiösen Geschichten auf die Leinwand des Nachthimmels. Die Konstellationen haben daher Namen nach den beobachteten Formen und nach den Geschichten, die man sich über diese Formen erzählte. So wie die Erde sich durch die Jahreszeiten bewegt, lassen diese Formen über unseren Köpfen genau dieselben Muster entstehen, die unsere Vorfahren studiert und weitergegeben haben.

Wenn sich also beispielsweise die Sonne durch das Sternbild des Löwen bewegte, als Sie geboren wurden, dann ist Ihr Sternzeichen – Ihr Sonnenzeichen – auch das des Löwen. Der Sternenhimmel ist eine Darstellung von Bildern und Archetypen, die mit den Konstellationen assoziiert werden.

Ihr Sonnenzeichen

Ihr Sonnenzeichen wird von der Konstellation bestimmt, in der sich die Sonne am Tag Ihrer Geburt befand. Sie sagen dazu vielleicht Sternzeichen, aber die Astrologen nennen es Ihr *Sonnenzeichen*. Ihr Sonnenzeichen ist Ihre Essenz – Ihr wesentlicher Kern. In vielerlei Hinsicht ist es der wichtigste Teil Ihres Horoskops. Die Sonne ist sehr yang-betont. Daher ist sie eher eine männliche Energie in Ihrem Horoskop, sogar wenn Sie selbst weiblich sind (der Mond ist die feminine Energie). Bei der Sonne geht es um Willen, Macht und Verlangen (aber gewöhnlich nicht um das sexuelle). Das Zeichen, in dem Ihre Sonne steht, zeigt an, wie Sie diesem Verlangen Ausdruck verleihen.

Wichtiger Hinweis für Schwellenbabys: Wenn Sie an einem Schwellentag geboren sind (der Tag, an dem die Sonne von einem in das andere Zeichen wechselt), dann sind Sie nicht »ein bisschen von beiden Zeichen«. Sie sind entweder das eine oder das andere – so einfach ist das. Viele Leute haben noch nie darüber nachgedacht, dass die Sonne gar nicht jedes Jahr an genau demselben Datum von einem Tierkreiszeichen ins nächste wechseln kann. Dabei gibt es nämlich einen Spielraum von bis zu drei Tagen. Die Angaben, die Sie bei Horoskopen in Zeitungen, Zeitschriften (und auch in diesem Buch!) lesen, sind daher als Richtlinien anzusehen. Das ist auch der Grund, dass diese Angaben von Publikation zu Publikation leicht variieren können.

Ein Beispiel: Jemand, der am 22. November des einen Jahres geboren ist, kann Schütze sein, während jemand, der am 22. November eines anderen Jahres geboren wurde, Skorpion sein kann. Sie können auch gerne unseren Generator auf *www.moonology.com/angelcharts* benutzen, um ein für alle Mal zu erfahren, was Sie für ein Sternzeichen sind.

Ihr Mondzeichen

Ihr *Mondzeichen* wird von dem Zeichen bestimmt, in dem der Mond zum Zeitpunkt Ihrer Geburt stand. Der Mond verbringt ungefähr zweieinhalb Tage im selben Zeichen. Selbst wenn Sie also Ihre Geburtszeit nicht genau kennen, so ist es doch ziemlich wahrscheinlich, dass Sie trotzdem Ihr Mondzeichen herausbekommen können.

Ihr Mond zählt zu den großen Stützpfeilern Ihres Horoskops. Er sagt einem Astrologen sehr viel über Sie: was Sie brauchen, wie Sie sich fühlen und wie Sie in emotionaler Hinsicht sind – zum Beispiel beständig oder spontan, vorsichtig oder berechnend. Er repräsentiert zudem die wichtigsten Frauen in Ihrem Leben (Ihre Mutter, Ehefrau, Schwester und so weiter). Und außerdem hat er mit den Dingen zu tun, die für Ihr Wohlbefinden wichtig sind – die dafür sorgen, dass Sie sich so ähnlich fühlen wie damals, als Sie von Ihrer Mutter umsorgt wurden (hoffentlich).

Ihr Merkur

Beim Merkur geht es darum, wie Sie sich ausdrücken, die Art, wie Sie sprechen, schreiben und denken. Der Merkur beeinflusst, wie Sie Ihre Entscheidungen treffen und ob Sie unverblümt sind oder die Dinge lieber für sich behalten. Er beeinflusst sogar die Bücher, die Sie lesen, schreiben oder gut finden. Es geht um Worte, Sprache, um die Quelle Ihrer Ideen, Ihre geistigen Interessen und wie gut Sie Ihre Gedanken kommunizieren. Merkur bestimmt, wie wir lernen und wie unser Gehirn funktioniert, ob wir zu voreiligen Schlüssen neigen oder zu wohlüberlegten Antworten, ob wir dickköpfig sind, neugierig oder ob wir die Dinge lieber nicht so genau analysieren wollen.

Ihre Venus

Die Venus in Ihrem Horoskop bestimmt, wie Sie lieben, wen Sie lieben und was Sie lieben. Es geht um Ihre Beziehungen mit anderen. Venus zeigt auch, welche Art von Partner Sie suchen und wie Sie selbst die Aufmerksamkeit anderer erregen. Das Zeichen und der Zustand Ihrer Venus bestimmt, ob Sie eher der anhängliche oder distanzierte Typ sind. Ob Sie einen umwerfend gutaussehenden Liebhaber brauchen, wie hoch oder wie niedrig Ihre Standards für eine feste Partnerschaft sind oder ob Sie jemand sind, der fürchtet, dass es da draußen gar keine Liebe für ihn gibt. Venus ist außerdem verantwortlich für unseren Sinn für Ästhetik und unseren kreativen

Ausdruck. Venus steht auch für Dinge wie Schönheit, Vergnügen und Überfluss, aber in diesem Buch konzentrieren wir uns hauptsächlich auf Beziehungen.

Ihr Mars

Mars ist der Planet des Zorns, der Aggression, der sexuellen Intimität und der Entschlossenheit. Das Zeichen und der Zustand von Ihrem Mars beschreibt, wie Sie Ihre Träume verfolgen – aber ebenso wie Sie an Jobs kommen, Menschen für sich gewinnen und alles andere auch. Mars ist der Planet, der Sie beeinflusst, wenn Sie diskutieren oder sich gar streiten. Er bestimmt Ihre Art, mit Konflikten umzugehen: ob Sie zu Tobsuchtsanfällen neigen oder eher ein ruhiges Gemüt haben, ob Sie ein friedlicher Vermittler sind oder Konflikte scheuen. Da Mars aber auch der Planet der sexuellen Intimität ist, spricht er Bände darüber, ob Sie beispielsweise ein sehr wilder Liebhaber sind, ein eher unsicherer, ein sinnlicher oder aber ein romantischer. Ihr Mars bestimmt, wie Sie die Dinge regeln und was Sie dabei motiviert.

Ihr Aszendent

Ihr *Aszendent* wird von der Zeit, dem Datum und dem Ort Ihrer Geburt bestimmt. Es ist wie bei einer Aufnahme des Sternbildes über dem östlichen Horizont zum Zeitpunkt Ihrer Geburt, von Ihrem Geburtsort aus gesehen. Sie müssen wirklich Ihre exakte (etwa auf 15

Minuten genaue) Geburtszeit kennen, wenn Sie präzise Ergebnisse wollen.

* * *

Es existieren viele Computerprogramme, Apps und Websites, die Ihnen dabei helfen können, Ihr Sonnenzeichen, Ihr Mondzeichen und Ihren Aszendenten herauszufinden – und die meist sogar gleich Ihr ganzes Geburtshoroskop anzeigen.

Geben Sie einfach »kostenloses Online-Horoskop« in eine der großen Suchmaschinen ein, und Sie werden schnell fündig werden. Auf seriösen Websites müssen Sie dafür weder etwas bezahlen noch Ihre E-Mail-Adresse angeben, um die computergenerierten Instant-Horoskope zu erhalten. Auch auf www.angelastrology101.com können Sie sich innerhalb weniger Augenblicke solch ein kostenloses und unverbindliches Geburtshoroskop erstellen. Wenn Sie keinen Zugang zu Computer oder Internet haben, dann kann Ihnen ein Astrologe in Ihrer Gegend gegen ein Entgelt jederzeit Ihr Horoskop berechnen.

Folgende Informationen benötigen Sie
für Ihr Horoskop:
➤ Ihr Geburtsdatum
➤ Ihre Geburtszeit
➤ Ihr Geburtsort

Wenn Sie die Zeit Ihrer Geburt nicht kennen, dann fragen Sie Ihre Eltern oder sehen Sie auf Ihrer Geburtsurkunde nach. Viele Krankenhäuser auf der ganzen Welt bewahren die Akten mit den Geburtszeiten auf. Je präziser Sie Ihre Geburtszeit kennen, desto besser – idealerweise auf 15 Minuten genau.

Geburtsdetails

Wenn Sie sich über die Einzelheiten Ihrer Geburt nicht im Klaren sind (wenn Sie beispielsweise adoptiert wurden und nicht im Besitz Ihrer Geburtsurkunde sind), dann können Sie einen Astrologen konsultieren, der dann etwas mit Ihrem Horoskop macht, das ich persönlich »Richtigstellung« nenne. Diese Methode ist ein bisschen wie Astrologie rückwärts: Anhand der großen Ereignisse Ihres Lebens (beispielsweise Geburt, Heirat, Nachwuchs, Scheidung) kann ein guter Astrologe schon ziemlich genau das korrekte Datum, den Ort und die Zeit Ihrer Geburt herausfinden. Natürlich kennen die meisten Leute Ihr Geburtsdatum und Ihren Geburtstag, aber diese Methode funktioniert eben sogar bei der Geburtszeit. Eine andere Methode, um an Ihre genauen Geburtsdaten zu kommen, ist der Besuch bei einem Kinesiologen. Kinesiologen glauben, dass all unsere Erinnerungen im Körper abgespeichert sind. Ihre Muskeltestmethoden können Ihrem Körper dabei helfen, sich an seine Geburtszeit zu erinnern – das ist zumindest die Theorie! Um einen guten Kinesiologen zu finden, suchen Sie einfach online oder fragen Sie in einem spirituellen Buchladen in Ihrer Nähe.

Und bitte nehmen Sie es nicht so schwer, wenn Sie

Ihre genaue Geburtszeit nicht kennen. Sie können auch ein bisschen improvisieren (zumindest anfangs). Benutzen Sie sechs Uhr morgens als Geburtszeit und ignorieren Sie die Abschnitte über Ihren Aszendenten. Es besteht die Chance, dass man ein falsches Mondzeichen als Ergebnis bekommt, aber dieses Risiko müssen Sie eben eingehen!

Wenn das Lesen des Abschnitts über Ihr Mondzeichen in diesem Buch so gar nichts in Ihnen zum Klingen bringt, sollten Sie auch die Mondzeichen überprüfen, die vor und nach dem kamen, was der Computer ausgespuckt hatte. Sie sollten sich dort irgendwo wiederfinden. Wenn Ihr Interesse an Ihrem Horoskop sich verstärkt, können Sie auch immer noch zusätzlich die zuvor genannten Methoden ausprobieren (Aktenrecherche, »Richtigstellung«, Kinesiologie und so weiter), um Ihre Studien zu vertiefen.

Schlussendlich ...

Selbst wenn Sie nicht sofort Ihr Geburtshoroskop erstellen lassen können, so kann Ihnen dieses Buch immer noch sehr nützlich sein, indem Sie über Ihr Sonnenzeichen und Ihre Verbindung zu den Erzengeln lesen. Sie können sofort erfahren, was Ihr Sonnenzeichen ist, indem Sie auf die Geburtsdaten schauen, die am Anfang jedes Kapitels für das jeweilige Zeichen angegeben sind.

**Sie können sich wegen jedem der folgenden Dinge
an Erzengel Ariel wenden, ganz egal, was Sie für ein
Sternzeichen haben:**

1. Wenn Ihr Leben stagniert und Sie frischen Wind gebrauchen
   könnten

2. Wenn Sie mehr Zeit in der freien Natur verbringen wollen,
   aber nie Zeit dafür finden

3. Wenn Sie Hilfe möchten, um einen wunderschönen Garten
   bei Ihnen zu Hause anzulegen

4. Wenn Sie einen kleinen Kräutergarten oder schöne Zimmer-
   pflanzen möchten

5. Wenn Sie das Gefühl haben, dass Sie Ihre jugendliche
   Ausstrahlung verloren haben

6. Wenn Sie bei einem Projekt Starthilfe benötigen

7. Wenn Sie allgemein wenig Motivation haben

8. Wenn Sie in einer Beziehung oder mit einer Situation noch einmal ganz von vorn beginnen möchten

9. Wenn Sie vergeben und vergessen sollten

10. Wenn Sie eine Typverwandlung brauchen

11. Wenn es etwas gibt, dass Sie gerne manifestieren wollen

12. Wenn Sie Probleme mit Wut oder unkontrollierbarem Ärger haben oder fürchten, dass Sie zu selbstsüchtig handeln

13. Wenn Sie ein Tier bei sich aufnehmen möchten

14. Wenn Sie merken, dass Sie von Ihrem Computer oder Handy abhängig sind

15. Wenn Sie es eilig haben und schon ziemlich spät dran sind

16. Wenn Sie gewisse Ängste loslassen sollten, um Ihr Leben intensiver genießen zu können

17. Wenn Sie Ihr Training wieder aufnehmen sollten

18. Wenn es in Ihrem Leben an Spontanität fehlt

19. Wenn Sie beim Thema bleiben sollten

20. Wenn Sie sich mit den Feen oder anderen Elementarwesen verbinden möchten

KAPITEL 1

Widder und Erzengel Ariel

21. März – 20. April

Wie Sie sicher wissen, gibt es zwölf Sternzeichen. Der Widder ist das erste davon, und er steht ganz am Anfang des astrologischen Tierkreises. Deshalb bezeichnet man dieses Zeichen auch als das »Kind« des Tierkreises. Es steht in Verbindung mit dem Frühling, der Jahreszeit des Neubeginns.

Es ist also geradezu perfekt, dass der Erzengel Ariel – der Naturengel, der mit den Feen und Elementarwesen in Verbindung steht – der Erzengel des Sternzeichens Widder ist. Das ist eine wirklich perfekte energetische Verbindung!

Erzengel Ariels wundervolle, reine Energie ist sehr lebhaft. Ariel wird sehr stark mit Tierbabys und der freien Natur assoziiert. Wenn das Zeichen Widder in Ihrem Geburtshoroskop stark vertreten ist (wenn also Ihr Sonnenzeichen, Aszendent oder Mond Widder ist), dann fühlen Sie wahrscheinlich zu diesen beiden Aspekten des Lebens eine starke Affinität.

Aber ganz egal, wo bei Ihnen Widder im Horoskop steht – bitte denken Sie immer an eins: Der Widder ist ein Zeichen, das Unschuld verströmt. Wo auch immer Sie Widder in Ihrem Horoskop haben, dort können Sie für immer jung bleiben. Außerdem sind Sie in dem Bereich, wo bei Ihnen der Widder auftaucht, sehr spontan und können eventuell auch zu überstürzten Entscheidungen neigen. Nun, da Sie dieses Buch lesen, haben Sie hoffentlich auch verstanden, dass es keinen Ort gibt, wo Engel nicht hingehen würden, wenn Sie sie an Ihrer Seite brauchen!

Um ein besseres Verständnis dafür zu bekommen, wie die Widder/Ariel-Energie wirkt, denken Sie einfach etwas über den Frühling nach. Egal, ob Sie auf der Nord- oder der Südhalbkugel leben – der Frühling ist immer eine Zeit der Hoffnung und Erneuerung. Knospen zeigen sich und erblühen, und die Welt scheint nach einem langen Winter voller Versprechen zu sein. Ein neuer Anfang. Ein Spaziergang in der freien Natur während dieser Jahreszeit kann Ihre Stimmung förmlich in den Himmel heben. Erzengel Ariel und der Widder ermutigen Sie dazu, Ihre Wintersachen abzulegen und sich wieder mehr der Natur zuzuwenden. Wo auch immer Sie diese Energien in Ihrem Horoskop haben, das ist der Bereich, wo Sie sich von Ihrer Vergangenheit lösen und sich auf etwas frisches Neues einlassen können. Wenn Sie viel Widder-Energie in Ihrem Horoskop haben (wenn also Ihr Sonnenzeichen, Ihr Mondzeichen und Ihr Aszendent Widder sind), dann wirken Sie auf Ihre Mitmenschen wie eine frische Brise. Daher sind Leute mit viel Widder-Energie so beliebt (solange ihr feuriges Gemüt nicht mit ihnen durchgeht).

Erzengel Ariel ist auch bekannt als »Engelsbotschafter der göttlichen Magie und der wunderbaren Manifestation«. Sie erinnert Sie daran, dass wirklich alles möglich ist, solange Sie das Leben mit der Unschuld eines Kindes angehen. Das kann wirklich Wunder bewirken! Wenn Sie viel Widder und somit auch Ariel in Ihrem Horoskop haben, dann sind Sie wahrscheinlich ein Mensch, der Freunde und Familie immer wieder daran erinnert, dass man wirklich alles erreichen kann, was man sich in den Kopf gesetzt hat – ganz egal, was in der Vergangenheit passiert ist. Sie können Ihnen sagen: »Es gibt keinen Grund aufzugeben, sogar wenn das Leben scheinbar nur noch aus Problemen besteht!«

Erzengel Ariel kann bei Beziehungen helfen, denn eine ihrer besten Qualitäten ist ihre Fähigkeit, uns von der Illusion zu befreien, dass wir alle Einzelindividuen sind, die getrennt voneinander existieren. Und sie hat Recht! Wir sind alle verbunden. Ariel kann uns allen diese wichtige Lektion beibringen.

Doch wenn Widder und Ariel in Ihrem Geburtshoroskop sehr stark dominieren, haben Sie vielleicht schon längst eingesehen, dass wir alle zusammen in diesem Leben sind. Denken Sie daran, wenn Sie spüren, dass die bekannte Widder-»Ich-ich-ich!«-Energie hochkommt. Widder sind dafür bekannt, oftmals ziemlich selbstbezogen zu sein. Genauso wie kleine Kinder in der Illusion leben, dass sie das Zentrum des Universums sind, können Widder sich manchmal so verhalten, als wären sie die Einzigen, die wichtig sind. Das ist Teil ihrer reizenden Naivität, aber es kann den Leuten auch tierisch auf die Nerven gehen.

Wann immer Sie spüren, dass Ihre Widderenergie oder Ihr Ego überhandnehmen, wenden Sie sich an Ariel. Sie wird Sie daran erinnern, dass wir alle eins sind, und dass jedes Gefühl der Trennung vom Ego kommt und reine Illusion ist. Widder werden vom feurigen Mars beherrscht und sind eher – nun ja, nennen wir es durchsetzungsfähig. Das trifft auch zu, wenn es darum geht, mit Ihren Freunden und Kollegen konkurrieren zu wollen. Ein bisschen Wettbewerb ist gesund, aber gefährden Sie nicht Ihre Beziehungen! Passen Sie auch auf, dass Sie dadurch nicht allmählich Ihr Mitgefühl anderen gegenüber verlieren.

Alle Tierkreiszeichen haben irgendwelche Probleme. Und wir inkarnieren in einem bestimmten Zeichen, um uns diesen Problemen stellen zu können. Die gute Nachricht ist: Es steckt auch sehr viel Magie im Widder, die demselben mutwilligen Geist entspringt. Widder sind beispielsweise äußerst begeisterungsfähig und abenteuerlustig. Erzengel Ariel wird bei Ihnen sein, wenn Sie sich in die Welt hinaustrauen. Sie freut sich, wenn sie Sie auf Ihren magischen Entdeckungsreisen begleiten kann, wo Sie die freie Natur genießen, frische Luft atmen und sich daran erinnern können, wer Sie wirklich sind. Es bedeutet auch, von Ihrem Computer wegzukommen, dem Fernseher und überhaupt weg von all der ganzen Elektronik. Wenn Sie sich draußen in der freien Natur aufhalten, so ist das eine andere, sehr schnelle Methode, um sich mit Erzengel Ariel zu verbinden, wenn Sie ihre Energie brauchen. Schauen Sie nach, wo in Ihrem Horoskop Widder vorhanden ist, und überlegen Sie, ob Sie in diesem Bereich Ihres Lebens abenteuerlustig sind.

Eine weitere wundervolle Widdereigenschaft ist Furchtlosigkeit. Zudem hilft uns Erzengel Ariel ja auch beim Manifestieren. Was für eine kraftvolle Kombination der furchtlosen Manifestation das hervorbringt!

Wenn wir uns von der Angst lösen, betreten wir eine völlig neue Arena des Lebens, in der wir mit dem Schöpfer arbeiten können, um das Leben unserer Träume zu erschaffen.

Beim Widder geht es hauptsächlich um neue Anfänge. Und was könnte besser sein als ein Neubeginn ohne die Ängste, die uns bisher zurückgehalten haben? Ariel kann uns aus unserer Komfortzone herausholen, sodass wir Neues ausprobieren können. Und Widder sind sowieso sehr gerne mutig und forsch. Sie sind keine Grübler, sondern packen die Sache an!

Schauen Sie noch einmal nach, wo Sie in Ihrem Horoskop Widder haben, und überlegen Sie, ob Sie in diesem Bereich Ängste haben, die Sie loslassen können. Bitten Sie Erzengel Ariel, Ihnen zu helfen, exzellente neue Entwicklungen zu manifestieren. Beim Widder geht es immer um Neues, und Ariel kann Ihnen zeigen, wie Sie das Alte loslassen können, damit das Neue erblühen kann. Diese beiden Energien wirken gut zusammen, um Sie daran zu erinnern, dass das Leben ein Garten ist, in dem Sie entscheiden, was darin wachsen wird.

Denken Sie daran, dass es sowohl beim Widder als

auch bei Erzengel Ariel darum geht, behutsam und mit Bedacht über diese Erde zu wandeln. Die Schlüsselworte ihrer Energie sind *Frische* und *Vitalität*. Für einen Widder ist es eine der schlimmsten Sachen, die er tun kann, wenn er sein System mit Negativität verstopft. Darum möchte Erzengel Ariel, dass Sie raus in die Natur gehen und Ihren Körper gesund erhalten und mit frischer Nahrung versorgen. Aber ganz egal, was Sie für ein Zeichen sind – halten Sie sich von Drogen und Alkohol fern, wenn Sie mit diesen Energien arbeiten möchten. Durch diese Mittel wird Ihr System nur geschwächt – sie wirken wie eine Art Leim, der Sie nach und nach völlig lahmlegt.

Sonnenzeichen Widder

Wenn Ihre Sonne im Widder steht, dann ist Ihre essenzielle Energie durchdrungen von Ariels Vitalität, und Sie haben eine sehr muntere und lebhafte Ausstrahlung – ein wahrer Segen! Sie sind für andere wie eine frische Frühlingsbrise, wenn Sie einen Raum betreten. Wie Ariel nehmen Sie das Leben nicht so ernst und können jeder Situation mehr Leichtigkeit verleihen. Ihr Zeichen, der Widder, bedeutet Frische, während Erzengel Ariel dabei hilft, diese Energie auch auszustrahlen. Wenn Sie je das Gefühl haben, dass Ihr inneres Feuer erloschen ist, dann wenden Sie sich an Ariel, die Ihnen gerne dabei helfen wird, diese Negativität zu überwinden.

Bedenken Sie auch, dass Impulsivität typisch für Widder ist, bitten Sie also Ariel auch um Hilfe, wenn Sie spüren, dass Sie viel zu viel hetzen und die Dinge langsamer angehen lassen sollten. Eine der großen Lektionen in Ihrem Leben heißt Entschleunigung. Es ist den Engeln eine Ehre und heilige Pflicht, Ihnen dabei zu helfen, sanft und friedlich in Ihre Mitte zu kommen.

Übrigens haben Sie vielleicht noch gar nicht richtig erkannt, wie toll Sie Dinge manifestieren können. Das haben Sie der starken Präsenz von Ariel in Ihrem Horoskop zu verdanken. Das nächste Mal, wenn Sie wirklich etwas in Ihrem Leben haben wollen, visualisieren Sie es einfach, zeichnen Sie es oder schreiben Sie es auf und bitten dann Ariel um Hilfe.

Sie sind ein himmlischen Wesen, und der Widderanteil in Ihnen macht Sie zu einem Experten in Sachen Manifestation. Der Widder ist eine starke Kraft in Ihrem Leben, eben weil Ihre Sonne im Widder so eine treibende Kraft ist. Sie haben viel mehr Magie in sich, als Sie denken. Sie inspirieren andere mit Ihrer Art, sich dem Leben einfach zu stellen – und sich mit offenem Geist auf seine Abenteuer einzulassen.

Denken Sie einfach daran, dass das Leben in Zyklen abläuft. Deshalb können Sie zu den Gelegenheiten, bei denen Sie spüren, dass Ihr großartiger Widderfunke nur noch ein schwaches Glimmen ist, Ariel bitten, Ihren Zauber wieder neu zu entfachen. Ariel ist immer für Sie da!

Mondzeichen Widder

Wenn Ihr Mond im Widder ist, dann sind Sie gefühls-
mäßig eher impulsiv, da Ihr Mond im Feuerzeichen Widder steht und von Erzengel Ariel überwacht wird, die es
liebt, durch das Leben zu brausen – in Gedanken schon
beim nächsten Abenteuer. Und natürlich stürmen Ihre
Emotionen gleich mit!

Der Mond bestimmt über Ihre Bedürfnisse, daher ist
die Widder/Ariel-Energie ein ganz klarer Indikator dafür, dass Sie durch das Leben rasen müssen, ohne dass
Sie ständig jeder an Ihre ganzen Verpflichtungen erinnert. Es wird andere Facetten in Ihrem Horoskop geben,
die dafür stehen, die Dinge ernst zu nehmen und langsam angehen zu lassen. Sie sollten daher Ihrer wahren
Natur erlauben, hell zu erstrahlen. Und ein Teil davon –
wie auch von Ariel – ist Ihre aktive Suche nach Spaß. (Sie
brauchen Spaß, so wie alle anderen Nahrung benötigen.)
Erzengel Ariel versteht das zum Glück und wird immer
bei Ihnen sein und Ihnen dabei helfen, Ihr emotionales
Bedürfnis zu lachen zu stillen – und auch das, andere
zum Lachen zu bringen.

Denken Sie dabei aber an das Gesetz der Engel: Sie
müssen um Hilfe *bitten*, bevor die Engel Ihnen helfen
können. Wenn Sie das Gefühl haben, das Leben wird zu
ruhig oder aber zu schwierig, dann bitten Sie Ariel, Ihr
magisches Mojo wieder aufzuladen. Das Leben ist das,
was Sie daraus machen, und das wissen Sie dank Ihres
magischen Widdermonds auch, der dazu noch mit
Ariels schelmischer Energie gesegnet ist.

Eine kleine Erinnerung, die Ihnen bestimmt noch nützlich sein wird: Wenn Sie sich niedergeschlagen fühlen, kann Ihnen ein Spaziergang in der Natur dabei helfen, Ihre Stimmung wieder anzuheben. (Bitten Sie Ariel, Sie dabei zu begleiten!)

Merkur im Widder

Widder ist ein sehr flottes, flinkes Zeichen. Und Merkur ist der Planet der Kommunikation. Beide zusammen ergeben eine Person, die sich traut, Ihre Meinung kundzutun, ohne daran zu denken, was diese Worte bei anderen anrichten können. Wenn Sie Ihren Merkur im Widder haben, sollten Sie aufpassen, dass Sie nicht sofort immer mit allem herausplatzen!

Glücklicherweise ist Erzengel Ariel für Sie da, der Engel, der mit großer Vorsicht über diese Erde wandelt und über Ihren Merkur im Widder wacht. Wenn Sie wissen, dass Sie dazu neigen, eine dicke Lippe zu riskieren, dann rufen Sie vor wichtigen Meetings Erzengel Ariel an. Bitten Sie darum, ruhig zu bleiben und die anderen nicht zu unterbrechen!

Und: Erzengel Ariel weiß auch, wie man noch mal von vorn anfängt. Denken Sie dran, bei ihr geht es um den Frühling – wenn die Natur neu beginnt. Jedes Mal, wenn Sie also bei jemandem eine Grenze überschritten haben, sei es im Beruf oder im persönlichen Leben, können Sie Erzengel Ariel bitten, Ihnen dabei zu helfen, die richtigen Worte zu finden, um die Situation wieder in Ordnung zu bringen. Wenn Sie merken, dass Sie immer hitziger sprechen, dann denken Sie daran, Erzengel Ariel zu bitten, Sie wieder zu besänftigen!

Widder und Merkur sind beide sehr handlungsorientiert, daher bilden sie eine gute Energie für den Beginn neuer Projekte. Wenn es Ihnen jedoch schwerfällt, diese Projekte zu beenden (hört sich das vertraut an?), dann bitten Sie Erzengel Ariel, Ihnen dabei zu helfen, die Widderflamme höher lodern zu lassen, damit Sie die Dinge auch zu Ende bringen können.

Alles in allem ist diese Konstellation ein großer Segen und kann Ihre Kreativität fördern. Und sie bedeutet auch, dass Sie in jedes Gespräch frischen Wind hineinbringen. Sie verzetteln sich nicht in Einzelheiten – Sie sind sogar meilenwert davon entfernt. Stattdessen haben Sie die Fähigkeit, alle Punkte auf Ihrer Liste abzuhaken und weiterzumachen. Wenn alle Gremien dieser Welt wenigstens ein Widder-Mitglied hätten, dann würde alles erheblich schneller vonstattengehen.

Venus im Widder

Venus im Widder ist einerseits ein wahrer Segen, bringt aber auch andererseits viel Verantwortung mit sich. Venus ist der Planet der Liebe und Fülle. Und der Widder ist ein sehr lebhaftes, spontanes und jugendliches Zeichen. Die Kombination der beiden bringt jemanden hervor, der in der Lage ist, so zu lieben, als ob er oder sie noch nie verletzt worden wäre. Das ist natürlich ein großer Vorteil. Verglichen mit denen, die immer noch an Verletzungen und Unrecht aus der Vergangenheit zu knabbern haben, scheint Ihre Fähigkeit, sich neu zu verlieben und bei jeder Beziehung wieder ganz von vorn anzufangen, wie ein himmlisches Geschenk. Ihre Venus im Widder ist wie Ariels Frühlingsblüten. Ihre Liebe bringt andere dazu, den langen, kalten Winter zu vergessen, der hinter ihnen liegt!

Denken Sie auch daran, dass sich nicht alle Menschen so gut und schnell wieder vertragen können wie Sie. Nicht jeder kann so schnell Entscheidungen treffen wie Sie, wenn es um das eigene Liebesleben geht. Und nicht jeder ist wie Sie bereit, in einer neuen Beziehung sofort den nächsten Schritt zu wagen.

Wenn Sie also spüren, dass die Person, mit der Sie eine romantische Liaison haben, nicht so schnell mitkommt wie Sie, dann bitten Sie Erzengel Ariel um Hilfe. Ihre saubere und frische Energie wird Ihnen dabei helfen, sämtliche Spinnweben der Verstimmung zu entfernen.

Bei Venus geht es auch um Geld, und Venus im Widder bedeutet, dass Sie in der Lage sind, sehr schnell viel Geld zu verdienen. Wie Sie vielleicht schon bemerkt haben, kann das aber auch bedeuten, dass Sie sehr viel Geld auf einmal ausgeben können. Seien Sie wiederum dankbar, dass Sie Erzengel Ariel an Ihrer Seite haben. Bitten Sie um Hilfe, wenn Ihr Budget zur Neige geht. Denken Sie daran, dass Erzengel Ariel eine Expertin in Sachen Manifestation ist, wenden Sie sich also an sie, falls Sie mehr Geld brauchen. (Allerdings ist sie kein himmlischer Geldautomat. Es ist viel besser, um einen gutbezahlten Job zu bitten als um einen Lotto-Gewinn!)

Mars im Widder

Nun, das ist mal eine Kombination zum Herumerzählen! Mars ist der Planet des Feuers und des Krieges, und Widder ist das Zeichen des Feuers und Krieges. Aber kriegen Sie jetzt keinen Schreck! Nur weil Sie Mars im Widder haben, heißt das nicht, dass Sie in einer blutigen Schlacht verenden werden! Trotzdem kann es bedeuten – und meist ist auch so – dass Sie ein sehr feuriges Temperament haben! Eine der Hauptlektionen Ihres Lebens ist es, dass Sie lernen, Ihren Hitzkopf unter Kontrolle zu halten.

Denken Sie daran, dass sich bei der Widderenergie alles um Jugend dreht und Erzengel Ariels Energie hauptsächlich mit der Leichtigkeit des Seins zu tun hat. Manchmal – besonders wenn wir jung sind – sind wir so voll Kraft und Elan und so sehr damit beschäftigt, unseren Zielen nachzujagen, dass wir wirklich wie ein Bock mit dem Kopf durch die Wand wollen.

Wenn das ganz nach Ihnen klingt, dann ist eines der besten Dinge für Sie, sich einfach selbst voll und ganz anzunehmen. Bitten Sie Erzengel Ariel, Ihnen dabei zu helfen, sich selbst zu lieben – Ihren Hitzkopf eingeschlossen. Und wenn Sie erst einmal begonnen haben, an Ihrer Selbstakzeptanz zu arbeiten, dann können Sie auch darüber nachdenken, wie Sie Ihre Energie in etwas Konstruktiveres verwandeln können. Erzengel Ariel wird Ihnen helfen, das richtige Ventil dafür zu finden, wenn Sie sie darum bitten.

Eine sehr offensichtliche Methode, um die intensiven Widder/Mars-Energien, die durch Sie fließen, etwas zu beruhigen, ist natürlich Sport. Beim Widder dreht sich immer alles um Schnelligkeit, und Mars ist als Kampf-planet bekannt. Lassen Sie aufgestaute Energien also einfach durch intensive Work-outs raus.

Weil jemand mit Mars im Widder leicht zu Jähzorn neigt, sollten Sie Erzengel Ariel bitten, angespannte Situationen durch Humor zu entschärfen. Es ist fast unglaublich, wie schnell ein beginnender Streit mit einem Witz oder selbst einem einfachen Lächeln im Keim erstickt werden kann. Jedes Mal, wenn Sie merken, dass Ärger in Ihnen aufsteigt, atmen Sie tief ein und bitten Sie Erzengel Ariel, Sie wieder zu beruhigen. Das hilft sogar besser als bis zehn zu zählen!

Und übrigens: Menschen mit Widder im Mars sind leidenschaftliche Liebhaber, die schnell Feuer fangen.

Aszendent Widder

Menschen mit Widder als Aszendenten sind aufregend, heißblütig und konkurrenzbetont. Sie verströmen die lebhaften Energien von Ariel und dem Widder. Sie sind normalerweise sehr flink und wendig, mit zarten Zügen und immer eine Spur schneller als andere. Das Zeichen Widder wird vom Planeten Mars beherrscht, der das maskuline Prinzip verkörpert. Das bedeutet, wenn Sie einen Widder-Aszendenten haben, ist es viel schwieriger für Sie als für andere, cool zu bleiben, wenn Sie provoziert werden. (Keine Sorge ... Sie schaffen das!)

Es gibt einen Grund, warum Sie in diesem Leben mit einem Widder-Aszendenten inkarniert sind. Es bedeutet, dass Ihre Seele sich entschieden hat, dass sie lernen möchte, wie sie Ihr Temperament zügeln und hoffentlich diese Kunst auch meistern wird. Der Schutzengel Ihres Aszendenten, Ariel, hat ein erheblich sanfteres Temperament. Sollten Sie also mal das Gefühl haben, dass Ihnen gleich der Kragen platzt, dann sprechen Sie zuerst mit Ariel. (Und natürlich können Sie auch immer Ariels Freiluftenergie nutzen, wenn der Ärger in Ihnen aufsteigt. Lassen Sie Ihre Verstimmungen los und gehen Sie an die frische Luft, sodass sie Ihre Energien zurück ins Gleichgewicht bringen kann.)

Das ist ein wundervoller Aszendent, denn mit ihm kann man durchs Leben flattern wie ein Schmetterling durch endlose Wälder. Ihr Widder-Aszendent beschert Ihnen vielleicht zudem einen Drang nach Geschwindigkeit, und manchmal sind Sie dadurch sogar zu schnell für Ihr Umfeld. Dann rufen Sie einfach Erzengel Ariel an und bitten um eine sichere Geschwindigkeit. Nicht dass Ariel gerne rumbummelt, aber sie hat stets das Beste für Sie im Sinn. Wenn Sie also die Geschwindigkeit, mit der Sie durch Ihr Leben steuern, verringern sollten, wird sie Ihnen helfen. Wenn Sie beispielsweise das Gefühl haben, dass es gut für Sie wäre, mit dem Meditieren zu beginnen, dann bitten Sie Ariel um Unterstützung.

**Sie können sich wegen jedem der folgenden Dinge
an Erzengel Chamuel wenden, ganz egal, was Sie für
ein Stern-zeichen haben:**

1. Wenn Sie von Ihrem Weg abgekommen sind

2. Wenn Sie einen Gegenstand verloren haben

3. Wenn Sie das Gefühl haben, im Leben auf der Stelle zu treten und nicht richtig vorwärts zukommen

4. Wenn Sie Geld für eine dringende Anschaffung auftreiben müssen

5. Wenn Sie Geld benötigen, um sich etwas Luxus zu gönnen

6. Wenn sich jemand Ihnen gegenüber dickköpfig und stur verhält (auch wenn in Wahrheit eigentlich Sie derjenige sind, der sich stur stellt)

7. Wenn Sie nach der wahren Liebe suchen

8. Wenn Sie mehr Selbstvertrauen wegen Ihrer äußeren Erscheinung brauchen

9. Wenn Sie vergeben und vergessen sollten

10. Wenn Sie eine Typverwandlung brauchen

11. Wenn Sie wieder Kontakt zu einem Freund aufnehmen wollen, den Sie schon lange aus den Augen verloren haben

12. Wenn Sie sich mit einem Freund nach einem Streit wieder versöhnen möchten

13. Wenn Sie auf der Suche nach einer besser bezahlten Arbeit sind

14. Wenn Ihr Leben mehr leibliche Genüsse vertragen könnte

15. Wenn Sie das Gefühl haben, dass Sie sich zu sehr auf materielle Dinge konzentrieren

16. Wenn Sie irgendwie feststecken und nicht weiterkommen

17. Wenn Sie faul und träge sind

18. Wenn Sie ein biologischeres und ökologischeres Leben führen möchten

19. Wenn Sie beim Setzen von Zielen Hilfe brauchen

20. Wenn Sie finanzielle Sorgen haben oder Probleme mit Ihrem Eigentum

21. Wenn Ihr Selbstbewusstsein einen Kick gebrauchen könnte

KAPITEL 2

Stier und Erzengel Chamuel

21. April – 21. Mai

Stier ist das Zeichen, das mit dem Planeten der Liebe, des Luxus, des Vergnügens und der Kunst in Verbindung steht: Venus. Wenn der Stier in Ihrem Horoskop sehr stark vertreten ist (Sonne, Mond oder Aszendent), dann ist auch Venus sehr stark bei Ihnen vertreten. Und welcher Erzengel geht mit dieser göttlichen Energie wohl Hand in Hand? Chamuel – ein äußerst segensreicher Engel, der Leuten dabei hilft, Liebe zu finden und vieles andere mehr.

Das ist die sanfte und sehr romantische Seite des Stiers. Die andere Seite ist natürlich die des rasenden Bullen. Und wie Sie sicherlich wissen, sieht das Symbol für den Stier auch oftmals so aus! So wie rasende Bullen sind auch Stier-Menschen bekannt dafür, dass sie äußerst dickköpfig sein können, wenn sie wollen, besonders wenn es nach ihrem Willen gehen soll. Der Stier hat Temperament! Normalerweise bekommen Sie das aber erst zu Gesicht, wenn sich so viel so lange angestaut hat, dass es auf einmal wie ein Vulkan aus ihm herausbricht. Wo immer Sie in Ihrem Horoskop auch Stier haben – das ist der Teil von Ihnen, der eher dickköpfig und temperamentvoll ist.

Glücklicherweise ist Erzengel Chamuel da, um helfend einzuschreiten. Wie jeder andere Erzengel kann auch Chamuel bei allem helfen, worum er gebeten wird. Zu seinen »Spezialgebieten« gehört es jedoch, Ihnen bei Ihrer lebenslangen Suche nach befriedigenden Beziehungen, Freundschaften und Karrieren sowie nach innerem Frieden zu helfen. Das ist das perfekt passende Gegenstück zum Stier, der von der liebevollen Venus geleitet wird – einem Planeten, der von Liebe und Beziehungen zwischen Seelengefährten geradezu besessen ist.

Diese beiden Energien – Stier und Erzengel Chamuel – sind sich in manchen Dingen sehr ähnlich. Zum Beispiel ist der Stier als zweites astrologisches Zeichen ein sehr junges Zeichen. Man denke dabei an ein Baby, das loskrabbelt, um die Welt zu sehen – um neue Dinge zu entdecken – und um »das Leben zu kosten«, oftmals im wörtlichen Sinne. Das passt zu Chamuels Energie, bei der es um die Suche geht. Beide haben in gewisser Hinsicht mit der Suche nach den Freuden des Lebens zu tun. Doch wo der Stier sich eher draußen nach leiblichen und sinnlichen Genüssen umschaut, erinnert uns Erzengel Chamuel daran, dass wir alles, nach dem wir suchen, bereits *in* uns tragen.

Ganz egal, was Sie für ein Zeichen sind, wenn Sie Probleme in einer Beziehung oder Freundschaft haben, dann ist Chamuel ein großartiger Erzengel, an den man sich wenden sollte. Manchmal sind Ihre Freunde so sehr mit ihrem eigenen Leben beschäftigt, dass sie überhaupt nicht merken, dass Sie sich einsam fühlen und Sehnsucht nach ihnen haben. Stiere sind oftmals sehr zögerlich, wenn es darum geht, um Hilfe oder eine Umarmung zu bitten, da sie daran gewöhnt sind, selbst die Gebenden zu sein und die Situation zu kontrollieren. Erzengel Chamuel kann Ihnen dabei helfen, Verletzlichkeit zu zeigen und Ihre Kontrollprobleme loszulassen, während Sie Ihre wahren Gefühle Freunden offenbaren, die Ihr Vertrauen verdienen.

Der geduldige Stier bietet eine dauerhafte und echte Liebe. Chamuel wird Ihnen dabei helfen, den Kontakt mit Ihren Freunden wieder aufzunehmen – sogar nach einem Streit. Der verlässliche Stier weiß, dass echte Liebe niemals wankelmütig ist. Erzengel Chamuel wird Ihnen dabei helfen, einen Weg zu finden, wie Sie mit praktisch *jedem* klarkommen können, wenn Sie mit Ihrem Herzen und nicht mit Ihrem Ego an die Sache rangehen.

Und Sie müssen nicht unbedingt Stier sein, um sich an den himmlischen Gaben erfreuen zu können, die Erzengel Chamuel anzubieten hat. Chamuel kann bei romantischen Beziehungen genauso helfen wie bei Freundschaften. Der Stier ist nicht unbedingt das Zeichen, das *besonders stark* mit Liebe assoziiert wird, und Chamuel nicht der Engel, der *besonders stark* mit Romantik in Verbindung gebracht wird. Aber wenn die beiden zusammenkommen, dann entsteht ein wundervoller Bund, der Ihnen auf dem Weg zur wahren Liebe helfen kann. Wenn Sie also Single sind und auf der Suche nach Liebe, dann denken Sie daran, Erzengel Chamuel darum zu bitten, Ihnen dabei zu helfen. Er ist dafür bekannt, dass er den Menschen hilft, ihre Seelengefährten zu finden.

Wenn Sie bereits liiert sind, können Sie trotzdem mit Chamuel arbeiten, indem Sie ihn bitten, Ihnen zu helfen, Ihre Beziehung weiter zu verbessern. Dieser Erzengel kann Ihnen also helfen, wenn Sie Liebe suchen, und auch, wenn Sie nach einer Möglichkeit suchen, Ihre Beziehung zu Ihrem derzeitigen Partner zu stärken. Bitten Sie also einfach um Unterstützung.

Erzengel Chamuel kann Sie auch bei Ihrer Karriere unterstützen. Dieser Erzengel ist dafür bekannt, Menschen dabei zu helfen, die für sie richtige Arbeit zu finden. Wenn Sie sich beruflich also unwohl fühlen, dann ist er der Erzengel, den man anrufen sollte. Eine seiner Hauptmissionen ist nämlich, die Menschen bei der Suche nach einer beruflichen Karriere zu unterstützen, die ihnen sowohl finanzielle als auch persönliche Zufriedenheit verschafft. Das passt sehr gut mit dem Stier zusammen, dem Zeichen, das leibliche Genüsse mehr als alle anderen liebt.

Erzengel Chamuel kann Ihnen helfen, eine Arbeit zu finden, die Sie lieben und die zu Wohlstand führt, damit Sie und Ihre Familie das Leben genießen können. Wenn Sie sich also bei Ihrem eingeschlagenen Karriereweg nicht sicher sind, dann wenden Sie sich an Chamuel. Er wird Ihnen sogar dabei helfen wollen, »Ihre Venus zu benutzen«. Denn wissen Sie was? Venus ist der Planet des Reichtums! Bitten Sie Erzengel Chamuel, Ihnen dabei zu helfen, mehr Einkommen heranzuschaffen, damit Sie selbst die schönsten Seiten des Lebens genießen können.

Der Stier ist kein oberflächliches Zeichen, jedoch dreht sich bei ihm viel um Schönheit und um schöne Dinge. Beispielsweise liebt der Stier alles, was natürlich und echt ist. Das heißt, der Stier wird stets Naturfasern anstatt Polyester wählen und immer ein Luxus-Ressort anstelle eines Motels. Glücklicherweise kann Erzengel Chamuel Ihnen helfen, sodass Sie sich die schönen Dinge auch leisten können, die Sie so brauchen.

Und wenn Ihnen all dieses Gerede um Geld unangenehm ist, dann denken Sie daran, dass wir Menschen uns hier inkarniert haben, um das Spirituelle *und* das Materielle zu erfahren. Der Stier kombiniert beides und ist besonders begabt darin, in allen Bereichen immer das Beste vom Besten zu finden. Und wenn wir das tun, was wir lieben, folgt auch das Geld.

Seien Sie nur vorsichtig mit der Neigung des Stiers, zu viel Geld für Essen auszugeben. Erzengel Chamuel kann Ihnen dabei helfen, wahren inneren Frieden zu finden, der sich niemals durch Essen oder Shopping einstellen wird.

Wenn Sie beruflich das Gefühl haben, noch nicht wirklich herausgefunden zu haben, was Sie eigentlich »tun sollten«, dann weiß Erzengel Chamuel bestimmt Rat. Denn er ist auch sehr geschickt darin, Ihnen zu helfen, Ihre Lebensaufgabe zu erkennen, und zwar egal, was Ihr Sternzeichen ist. Stier und Venus können in dieser Hinsicht gut mit Chamuel zusammenarbeiten. Bitten

Sie einfach Chamuel um Hilfe, wann immer Sie sich verloren fühlen und himmlische Führung brauchen.

Ein anderes Talent von Erzengel Chamuel ist es, Ihnen dabei zu helfen, Dinge zu finden, auch verlorene Gegenstände. Wenn Sie also wie ein typischer Stier gerne hübsche Sachen sammeln und etwas davon verlegen oder verlieren sollten, dann wissen Sie nun, an welchen Engel Sie sich wenden können! Wie praktisch! Das ist wirklich eine feine Sache für Stiere, die sich sowieso ständig fragen, wo ihre Sachen sind.

Chamuel ist als sehr liebevoll und freundlich bekannt, trotz seiner Verbindung mit dem Zeichen des Stieres. Und natürlich gibt es nichts Süßeres als die Venus, die förmlich aus Liebe und Güte besteht. Ein interessanter Punkt, den man bei der Synergie von Chamuel und Stier nicht unerwähnt lassen sollte: Chamuel ist der Erzengel, der mit Suchen zu tun hat, und Venus steht für das weibliche Prinzip und somit für *Anziehungskraft*. Wenn Sie merken, dass Sie irgendwie Angst haben, sich das zu holen, was Sie wollen, dann bitten Sie Erzengel Chamuel um Mut, damit Sie Ihre Suche starten können. Denken Sie daran, dass Sie in dem Bereich, wo in Ihrem Horoskop der Stier herrscht, sehr störrisch sein können. Erzengel Chamuel weiß, dass Sturheit den natürlichen Fluss der Dinge bremst, also bitten Sie ihn um Hilfe, wenn Sie spüren, dass Sie Ihren eigenen Fortschritt behindern.

Sonnenzeichen Stier

Wenn Ihre Sonne im Stier steht, dann sind Sie der geborene Vergnügungssuchende. Nicht jemand, der nach Abenteuer und Nervenkitzel sucht, sondern *nach Vergnügen*. Das ist ein ganz wichtiger Unterschied! Sie sehnen sich nach einem schönen, langen Nachmittag mit jemandem, den Sie lieben; einer Massage; nach Zeit, in der Sie sich selbst verwöhnen; einem Parkspaziergang oder einfach einer entspannten Weile, während der Sie ein Buch lesen. Sie mögen es nicht, wenn Sie jemand zur Eile antreibt. In dem Moment, in dem jemand versucht, Sie dazu zu bewegen, doch etwas schneller zu machen, graben Sie Ihre Stierhufe nur noch fester in den Boden und rühren sich gar nicht mehr von der Stelle!

Machen Sie sich keine Sorgen — Erzengel Chamuel wird Sie niemals hetzen. Aber seine Energie wird Sie daran erinnern, dass Sie sich schon auch bemühen müssen, damit Sie das, was Sie in diesem Leben suchen, auch rechtzeitig finden.

Auf der anderen Seite gehört es zu den Lektionen, die Sie von Erzengel Chamuel lernen werden, dass es zwar wunderbar ist, nach dem Vergnügen zu suchen und sogar nach »Dingen« der materiellen Welt – was jedoch wirklich zählt, ist Ihr fröhliches Herz. Chamuel führt Sie zu dem, worauf es wirklich ankommt: wahre himmlische Liebe von Gott, die man in einer Beziehung mit spiritueller Basis miteinander teilen kann. Chamuel hilft Ihnen auch dabei, die natürliche Schönheit des Himmels, auf dem Land und im Meer besser zu würdigen.

Die enge Verbindung zwischen Stier und Venus, dem Planet der Liebe, bedeutet, dass alles, was Sie sich wünschen, letztendlich in Ihrem Leben zu Ihnen kommen wird ... wenn Sie die Überzeugung ausstrahlen, dass Sie es wert sind! Bitten Sie Erzengel Chamuel darum, Ihr Selbstwertgefühl zu steigern, wenn Sie mehr Vertrauen in sich brauchen sowie die Fähigkeit, sich selbst schätzen zu können.

Wenn der Widder das »Neugeborene« im Tierkreis ist, dann ist der Stier das Baby, das gerade krabbeln lernt und nach ein bisschen Unabhängigkeit sucht. Wenn Menschen als Kinder in die Welt hinausgehen, dann suchen sie nach der Liebe, die sie hoffentlich von zuhause kennen. Erzengel Chamuel hilft Ihnen, damit Sie alles finden, was Ihr Herz begehrt: Liebe, ein glückliches Zuhause, genug Geld, Weltreisen (falls es das ist, was Sie wünschen).

Engel sind spirituelle Wesen, aber zu ihren Missionen gehört auch, uns zu helfen, das Leben zu genießen. Wir Menschen sollen glücklich leben und es uns gut gehen lassen, während unsere Seelen ihre Lektionen lernen!

Wenn Sie finanziell ständig am Kämpfen sind und Ihre Rechnungen immer nur gerade so zahlen können, kann es sein, dass Ihre Seele Lektionen in Sachen Wohlstand und Fülle braucht. Vielleicht ist das einer der Gründe, warum Sie sich in diesem Leben als luxusliebender Stier inkarniert haben. Haben Sie also keine Angst davor, Erzengel Chamuel um Hilfe zu bitten. Es ist nichts »Unheiliges« daran, ein gutes Leben im Wohlstand zu führen, vor allem wenn Sie auch an Wohltätigkeitsorganisationen und ähnliches spenden. Lernen Sie, Erzengel Chamuel um Hilfe zu bitten, wann immer Sie etwas »suchen«. Als der Erzengel, der über Ihr Horoskop wacht, ist er wirklich für Sie da.

Mondzeichen Stier

Der Mond »versorgt« Sie emotional. Wenn Ihr Mond im Stier steht, wollen Sie von allem das Beste, und hoffentlich sind Sie sich bewusst, dass Sie es auch verdienen – das tun wir alle!

Wonach auch immer Sie im Leben streben, bewerten Sie sich hoch, und das Gesetz der Anziehung wird Ihnen bringen, was Sie sich wünschen – durch Ihren Glauben an sich selbst. Sie fragen sich vielleicht, wie das geht. Denken Sie daran, dass das Gesetz der Anziehung lautet: »Gleiches zieht Gleiches an.« Wenn Sie also die starke Überzeugung haben, dass Sie das Beste verdienen, dann werden Sie natürlich auch das Beste *anziehen*.

Es ist interessant, dass Menschen mit dem Mondzeichen Stier nicht unbedingt glänzende Prestige-Objekte als das Beste empfinden. Stiermonde erfreuen sich viel mehr daran, dass sie sich tolle Bioprodukte leisten können oder gemütliche Möbel aus hochwertigen Naturmaterialien.

Erzengel Chamuel spürt gern Sachen auf. Egal ob sie also nach einem exzellenten Restaurant suchen, in dem Sie speisen können oder nach anderen »leiblichen Genüssen« – Sie bekommen bei Ihrer Suche definitiv himmlische Hilfe. Natürlich sollten Sie bei Ihren Bedürfnissen nach diesen Dingen auch nicht übertreiben – wann immer Sie spüren, dass Sie sich übermäßig auf Materielles konzentrieren, bitten Sie Chamuel um Hilfe, damit Sie diesbezüglich etwas kürzer treten. Manchmal wollen Stiere zu viele neue Güter anhäufen oder aber Sie sorgen sich zu sehr ums Geld. Wenn Sie ein Ungleichgewicht verspüren, können die himmlischen Energien von Erzengel Chamuel Ihnen helfen, sich mehr auf das Spirituelle und weniger auf das Materielle zu konzentrieren.

Eigentlich ist es ein wahrer Segen, dass Ihr Mond im Stier steht. Astrologisch ist der Mond sehr »glücklich« in diesem Zeichen. Wie Sie vielleicht wissen, geht es beim Mond um Ihre Gefühle, und in diesem Fall ist der Mond »gefärbt«vom starken und ausgeglichenen Stier, daher ist Ihre Gefühlslage meist sehr stabil. Schon allein das kann Sie sehr beliebt machen, denn Ihre Freunde werden es zu schätzen wissen, dass sie nicht jeden Tag aufs Neue Ihre Gefühlslage abchecken müssen.

Als Nächstes sollten wir eine der Herausforderungen benennen, mit der jeder zu kämpfen hat, dessen Mond im Stier steht (oder diejenigen, die viel Stier in Ihrem Horoskop haben): Sie können ziemlich dickköpfig sein! Während Hartnäckigkeit und Ihre Treue zu Grundsätzen und in Partnerschaften bewundernswerte Eigenschaften des Stieres sind, kommt Dickköpfigkeit von einem übermäßigen Ego. Wenn Sie sich in dieser Beschreibung wiedererkennen, dann bitten Sie Erzengel Chamuel um Hilfe. Seine Fähigkeit, Beziehungen aller Art zu heilen und zu stärken, wird Wunder wirken und Sie sogar noch beliebter machen.

Ein kleines bisschen Achtsamkeit sich selbst gegenüber sowie ein paar Gebete an Chamuel können Ihnen dabei helfen, diese Hürde zu überwinden. Seien Sie nicht zu streng mit sich selbst, wenn Sie wissen, dass Sie etwas zu hitzköpfig waren. Wir sind alle auf dieser Welt, um Lektionen zu lernen. Und Sie sollten lernen, die Dinge einfach mal fließen zu lassen.

Leute, die mit einem Stier-Mond inkarnieren, haben das Bedürfnis, irgendwie hervorzustechen. Sie sehnen sich nach den schönen Dingen des Lebens und schrecken, wenn nötig, auch nicht vor langwierigen Anstrengungen zurück, um sie zu bekommen. Denken Sie aber auch daran, Chamuel um Hilfe zu bitten – bei allem, woran Sie arbeiten oder was Sie noch erreichen wollen. Er ist da, um Ihnen zu helfen, genau das zu finden, was Sie begehren – und um Ihre emotionalen Bedürfnisse zu stillen sowie Ihren Wunsch nach Erfolg.

Merkur im Stier

Merkur ist der Planet der Kommunikation und des Geistes. Ihr Merkur bestimmt, wie Sie denken, sprechen, schreiben und sich sonst noch ausdrücken. Ganz egal, was sonst noch in Ihrem Horoskop so vor sich geht, mit Ihrem Merkur im langsamen und stetigen Zeichen Stier haben Sie einen Verstand, der sich nicht hetzen lässt und sich die Zeit, nimmt, die er braucht, um seine eigenen hieb- und stichfesten Schlüsse zu ziehen.

Egal welche Dramen sie umgeben und welche Bälle Ihnen die Menschen zuwerfen, Sie werden sicher keine

Probleme damit haben, in Ihrer Mitte zu bleiben, während Sie in Ruhe Ihre Gedanken sammeln. Der Erzengel, der über Ihren Merkur wacht, ist Chamuel, bei dem sich alles ums Suchen und Finden dreht. Natürlich passen diese zwei sehr gut zusammen.

Ihnen fällt manchmal nicht das passende Wort ein? Fragen Sie Erzengel Chamuel, Ihr himmlisches Wörterbuch und Thesaurus zugleich. Er kann Ihnen dabei helfen, alles Mögliche zu finden, einschließlich der richtigen Worte zur richtigen Zeit. Eines der möglichen Probleme beim Merkur im Stier ist, dass der Stier manchmal eine ziemlich dickköpfige Natur besitzt. Sie müssen also darauf achten, sich nicht so sehr auf Ihre Gedanken und Überzeugungen zu versteifen. Das kann Sie sehr unflexibel machen. Verzetteln Sie sich auch nicht in Fakten. Lassen Sie Ihre Gedanken lieber zu neuen Höhen aufsteigen! Wenn Sie wissen, dass Sie dazu neigen, ein wenig störrisch zu sein, dann bitten Sie Erzengel Chamuel Ihnen zu helfen. Denken Sie daran: Je besser wir kommunizieren, desto besser ist unser Leben! Einige Menschen mit Merkur im Stier finden es leichter, durch künstlerische Medien zu kommunizieren. Wenn Sie also beispielsweise jemandem »Danke« oder »Entschuldigung« sagen möchten, dann basteln Sie doch eine Karte!

Wenn es darum geht, Ihren Planeten Merkur für Prüfungen und Präsentationen zu verwenden, sollte es Ihnen nicht schwerfallen, sich den Lernstoff gut einprägen und anwenden zu können. Und wenn Sie doch Zweifel haben sollten, dann bitten Sie Chamuel um einen Energieschub für Ihre grauen Zellen. Außerdem wird Erzengel Chamuel Ihnen helfen, wenn Sie himmlische Führung benötigen. Fragen Sie einfach!

Venus im Stier

Venus ist der Planet der Liebe und Fülle. Und Stier ist das Zeichen der Standfestigkeit, des Genusses und der Sinnesfreuden. Eine schöne Kombination, die Sie da in Ihrem Geburtshoroskop haben. Natürlich kann Venus, die Göttin der Liebe, manchmal ein wenig flüchtig und unbeständig sein. Aber Sie haben Venus im Stier, eines der bodenständigsten Zeichen überhaupt. Und das bedeutet, dass Sie leichter als andere das Beste aus allen Geschenken von Venus machen können. In der Liebe sind Sie treu. Sie nehmen sich Zeit für die Liebe. Und wenn Sie einmal lieben, dann lieben Sie lang und aufrichtig und schenken Ihrem Partner auf jede erdenkliche Art Freude und Vergnügen. Venus liebt die Liebe. Und der Stier ist voller Sinnlichkeit.

Venus herrscht auch über Reichtum und Luxus. Und Venus im Stier stattet Sie mit der Fähigkeit und Motivation aus, so viel Geld zu verdienen, dass Sie sich all den Luxus kaufen können, den Ihr Herz begehrt!

Der Erzengel, der über Ihre Venus herrscht, ist Erzengel Chamuel. Eine der Aufgaben dieses Engels ist es, uns Sterblichen dabei zu helfen, unsere Lebensziele zu erfüllen. Wenn Sie jedoch zu sehr nach irdischen Gütern und Luxusartikeln streben, sprechen Sie mit Erzengel Chamuel, der Sie daran erinnern wird, dass Sie in Ihrem

Herzen Reichtümer haben, die mehr wert sind als alle materiellen Dinge.

Wenn Sie andererseits nicht gerade ein Meister darin sind, Luxus und Komfort in Ihr Leben zu ziehen, dann bitten Sie Erzengel Chamuel diesbezüglich um Hilfe. Es ist nichts Falsches daran, genug Geld zu manifestieren, sodass Sie sich das leisten können, was Sie sich für sich und für Ihre Familie wünschen! Erzengel Chamuel eignet sich hervorragend, um Ihnen dabei zu helfen, den richtigen Karriereweg zu finden. Sie sollten also mit ihm reden, wenn Sie Unterstützung benötigen, um mehr Geld zu verdienen oder den Arbeitsplatz wechseln.

Und wenn Sie Liebe suchen – sei es von einem Partner oder Freund; Ihrem Kind, Ihrer Mutter, Ihrem Vater, einem anderen Familienmitglied oder sonst jemandem – sprechen Sie mit Erzengel Chamuel. Er ist da, um Ihnen bei allen Liebesangelegenheiten zu helfen. Und reden Sie auch mit ihm, wenn Sie Eifersuchtsprobleme haben – etwas, das typisch für die besitzergreifende Stier-Energie ist.

Mars im Stier

»Langsam und stetig gewinnt man das Rennen.« So könnte Ihr Motto lauten, da bei Ihnen der rasante Mars im ruhigen Stier steht. Diese beiden sind ziemlich gegensätzliche Energien. Mars ist der Planet, der einfach losmacht und die Dinge durchzieht! Er steht für Antriebskraft, Entschlossenheit, Motivation und dafür, den großen Wurf zu landen – koste es, was es wolle. Der

Stier, auf der anderen Seite, ist das Zeichen, das sich gerne in der Sonne zurücklehnt und das Leben genießt. Der Stier nimmt es leicht und erlaubt sich, die Dinge auf sich zukommen zu lassen, anstatt ihnen nachzujagen.

Diese Astro-Kombination erlaubt Ihnen, sich Zeit zu lassen, um sich über Ihre Ziele klar zu werden. Bei Ihnen gibt es sowieso keine halben Sachen! Der Mars im Stier weiß, dass es viel besser ist, immer ein Auge auf den Preis zu haben, während man langsam, aber stetig darauf hinarbeitet.

Der Erzengel, der Ihren Mars leitet, ist Chamuel. Erinnern Sie sich, dass es bei Chamuels Energie hauptsächlich darum geht, dass Sie finden, was Sie im Leben wollen. Und bei der Mars-Energie geht es ebenfalls darum. Chamuel tut das mit großer Liebe und der Stier-Mars im großen Stil. Wenn Sie Probleme haben, ein Ziel zu erreichen, dann sprechen Sie mit Erzengel Chamuel, und er wird Ihnen dabei helfen, die Sache wieder gut in Gang zu bringen.

Mars im Stier kann allerdings auch eine Energie hervorbringen, bei der Sie »mit Ihren Hufen etwas auf der Stelle scharren«. Darauf sollten Sie Acht geben. Wenn Sie wissen, dass Sie gerade keine Fortschritte zulassen, weil Sie irgendwie in einer persönlichen oder professionellen Sache »feststecken«, dann bitten Sie Erzengel Chamuel, Ihnen zu helfen, Bewegung in die Dinge zu bringen.

Mars ist auch der Planet der sexuellen Intimität sowie der Planet der Antriebskraft und Entschlossenheit. Wenn Sie also Ihren Mars im sinnlichen Stier haben, können sich Ihre Liebhaber glücklich schätzen! Sie brauchen eine Weile, um warm zu werden, aber wenn Sie erst mal richtig bei der Sache sind, dann hören Sie so schnell nicht wieder auf. Da Chamuel der Erzengel ist, der dabei hilft, Seelengefährten zusammenzuführen, sollten Sie ihn um Unterstützung bitten, wenn Sie merken, dass Ihnen Ihr erotisches Leben nicht so ganz gefällt. Er wird zur Stelle sein, um Ihnen zu helfen!

Aszendent Stier

Der Aszendent ist der Teil von Ihnen, der hinausgeht und sich der Welt präsentiert. Er ist die Maske, die Sie tragen, wenn Sie sich in der Öffentlichkeit aufhalten. Das Gesicht, das Sie anderen Menschen zeigen. Er ist nicht Ihr wahres Ich – das ist Ihr Sonnenzeichen. Ihr Aszendent ist das *Ich*, das Sie der Welt offenbaren. Die Präsenz von Stier und Erzengel Chamuel in diesem Bereich ist eine wundervolle Sache.

Der erste Grund, warum ein Stier-Aszendent ein Segen ist: Chamuel ist einer der Erzengel, der über Ihrem Horoskop wacht. Erzengel Chamuels Credo »Geh vorwärts und suche nach dem, was du brauchst« erlaubt Ihnen, sehr mutig zu sein. Mit einem Stier- Aszendenten müssen Sie niemals Angst haben, hinaus in die Welt zu gehen und nach dem zu suchen, was Sie glücklich macht. Natürlich kann das für jeden Menschen etwas anderes sein. Für manche sind es Freunde. Für andere Freiheit. Und dann gibt es wiederum Leute, die eher nach Reichtum und Sicherheit streben. Chamuel wird Ihnen helfen, das zu finden, wonach Sie suchen – Sie müssen ihn einfach nur fragen.

Astrologisch gesehen ist es wichtig, daran zu denken, dass eine so starke Venus in Ihrem Horoskop (Venus und Stier sind ja sowieso schon verbunden) sehr nützlich für Sie sein kann. Denken Sie daran, dass Ihr Aszendent das Erste ist, was anderen Leuten an Ihnen auffällt, wenn sie Sie kennenlernen. Sie haben den Planeten der Liebe, Schönheit und Freundlichkeit an Ihrer Seite. Ja, das bedeutet, dass man Sie als liebevoll, schön und freundlich wahrnimmt – was für ein Segen!

Und im beruflichen Bereich ist die Stier/Erzengel Chamuel-Kombination nützlich, wenn Sie in der Geschäftswelt Erfolg haben wollen. So wie Chamuel Sie dabei unterstützt, magnetisch Dinge in Ihr Leben zu ziehen, die Sie sich wünschen, verhelfen Ihnen Venus und Stier zu Glück, finanziellem Wohlstand und anderen weltlichen Geschenken.

Seien Sie sich aber wiederum bewusst, dass ein Stier-Aszendent (so wie alle Stier-Energien) auch Dickköpfigkeit mit sich bringen kann. Wenn Sie merken, dass Sie schlechte Laune haben, negative Gedankenmuster oder dass Sie irgendwie feststecken im Leben, dann bitten Sie Erzengel Chamuel darum, Ihnen dabei zu helfen, einen Ausweg zu finden. Chamuel ist wirklich da und hilft Ihnen bei der Suche nach allem, was Sie im Leben wollen – Sie müssen einfach nur fragen!

***

Sie können sich wegen jedem der folgenden Dinge an Erzengel Zadkiel wenden, ganz egal, was Sie für ein Sternzeichen haben:

1. Wenn Sie jemandem vergeben sollten

2. Wenn Sie sich an einen Namen erinnern müssen

3. Wenn Sie eine Prüfung zu bestehen haben und Hilfe brauchen, damit Sie sich an alle wichtigen Fakten erinnern können

4. Wenn Sie eine sehr wichtige E-Mail oder einen Brief schreiben müssen

5. Wenn Sie ein wichtiges Gespräch beginnen

6. Um Selbstvertrauen zu erlangen

7. Wenn Sie versuchen, jemandem etwas beizubringen

8. Wenn Sie ein wichtiges Rechercheprojekt vorhaben

9. Wenn Sie eine Präsentation machen oder eine Rede halten müssen

10. Um Ihnen dabei zu helfen, sich an Ihre wahre spirituelle Identität zu erinnern

11. Wenn Sie Ihre negativen Gedanken in positive verwandeln möchten

12. Um den Schmerz aus Beziehungen mit Missbrauch loszulassen

13. Wenn Sie zu oft Ihren Kopf benutzen anstelle Ihres Herzens

14. Wenn Sie sich emotional blockiert fühlen

15. Wenn Sie es mit einer schwierigen und heiklen Angelegenheit zu tun haben

16. Wenn Sie etwas lockerer sein könnten

17. Wenn jemand Sie sehr verletzend kritisiert hat und Sie sich fragen, wie Sie darauf reagieren sollen

18. Um alten Groll loszulassen

19. Um sich zu erinnern, wo Sie etwas liegengelassen haben

20. Um Ihre übersinnlichen auditiven Fähigkeiten zu verbessern

KAPITEL 3

Zwillinge und Erzengel Zadkiel

22. Mai – 21. Juni

Auf den ersten Blick scheinen Erzengel Zadkiel und die Zwillinge, das Luftzeichen, ein merkwürdiges Paar abzugeben. Zadkiel ist der Erzengel des Mitgefühls und der Vergebung, während die Zwillinge das astrologische *Flirtzeichen* schlechthin sind! Erzengel Zadkiel steht für Vergebung, die vom Herzen kommt, während die Zwillinge mit Verstand, Intellekt und Gesprächigkeit in Verbindung gebracht werden.

Trotz der offensichtlichen Unterschiede arbeiten Erzengel Zadkiel und Zwillinge dennoch sehr gut zusammen, da Erzengel Zadkiel den Zwillingen wichtige Unterstützung und Hilfe bietet.

Bevor wir uns intensiv mit dem beiden befassen, lassen Sie uns zunächst einmal die leichteren »Zusammenhänge« der beiden betrachten. Zunächst ist Erzengel Zadkiel als Erzengel des Gedächtnisses bekannt. Wie die Zwillinge, wird er mit Lernen und Lehren assoziiert. Es wird gesagt, dass Erzengel Zadkiel dabei helfen kann, das wir uns sowohl an Praktisches als auch an Esoterisches erinnern können.

Wenn Sie sehr viel Zwillinge in Ihrem Horoskop haben (Sonne, Mond oder Aszendent), werden Sie in Ihrem Leben höchstwahrscheinlich sehr viel recherchieren, lernen und studieren. Denken Sie daran, dass Erzengel Zadkiel für Sie da ist, um Ihnen bei Ihren geistigen Bestrebungen beizustehen. Bitten Sie ihn um Hilfe bei Projekten in Ihrem persönlichen oder privaten Leben.

Wenn Sie Kinder haben, dann bringen Sie Ihnen am besten schon von klein auf bei, wie sie sich mit Erzengel Zadkiel verbinden können, ganz egal, was sie für ein Sonnenzeichen haben. Denn als »Gedächtnis-Erzengel« kann er ihnen dabei helfen, sich bei Prüfungen an alle Fakten und Zahlen zu erinnern, was die Schule natürlich sehr viel einfacher macht!

Doch selbstverständlich ist das Behalten von Informationen nicht nur beim Lernen und Studieren wichtig. Was ist mit diesen Zeiten, in denen Sie beispielsweise auf der Arbeit eine Präsentation halten müssen (etwas, das sehr typisch ist für Zwillinge, da dieses Zeichen vom Kommunikationsplaneten Merkur beherrscht wird)? Wenn Sie Erzengel Zadkiel auf Ihrer Seite haben, der Ihnen dabei hilft, sich an alle wichtigen Punkte zu erinnern, dann werden Sie sicher viel besser dastehen als jemand, der die ganze Zeit krampfhaft auf seine Notizen schauen muss!

Wo immer bei Ihnen die Zwillinge und Zadkiel auftauchen (Sonne, Mond oder Aszendent), dort ist für Sie der Bereich, wo Ihre Gedanken leichter fließen und Sie solange reden können, bis Sie anderen schon fast ein Ohr abgekaut haben! Der Bereich in Ihrem Horoskop, in dem die Zwillinge auftauchen, ist auch der Ort, wo Ihre Ideen entspringen.

Zudem haben Menschen mit viel Zwillingsenergie die Fähigkeit, Freunde zu gewinnen und die Menschen zu beeinflussen, da sie eine so einnehmende Art an sich haben. Diese Leute erinnern sich tatsächlich daran, was Sie gesagt haben, als sie Sie das letzte Mal getroffen haben. Sie erinnern sich an Ihren Namen und an die Ihrer Kinder. Sie wissen noch, wohin Sie in den Urlaub fahren wollten und dergleichen. Doch wenn Sie selbst eher zu den Menschen gehören, die öfters mal die Namen von Leuten vergessen, dann bitten Sie Erzengel Zadkiel um Unterstützung. Zadkiel und Zwillinge bringen zusammen wirklich Magie hervor, was die Kommunikation anbelangt. Das ist der Grund dafür, dass viele Zwillinge so beliebt sind. Außerdem ist allgemein bekannt, dass sie von allen Zeichen die flirtlustigsten sind. Eine andere Sache, die Sie im Kopf behalten sollten, was Erzengel Zadkiel betrifft: Er kann dabei helfen, Ihren Fokus vom Negativen zum Positiven zu verschieben. Wenn Sie merken, dass Sie in einer negativen Gedankenspirale festhängen, dann bitten Sie Erzengel Zadkiel um Hilfe. Natürlich müssen wir uns alle mit unseren Emotionen auseinandersetzen, und keiner verlangt von Ihnen, dass Sie Ihren Kummer beschönigen oder vertuschen. Wenn Sie jedoch zu viel Zeit mit schmerzhaften Erinnerungen verbringen oder sich ständig die schlimmsten Szenarien für Ihre Zukunft ausdenken, dann bitten Sie Erzengel Zadkiel darum, einzugreifen. Das wird Ihnen helfen, Ihr Gedächtnis zu klären und zu erfrischen. Seinen Fokus auf die guten Dinge im Leben zu richten, ist die einfachste Art, um das Gesetz der Anziehung auf positive Weise anzuwenden.

Bei Erzengel Zadkiel geht es außerdem darum, sich einen offenen Geist zu bewahren, und Zwillinge haben diesen Drang, sich mitzuteilen und ihre Ideen durch Schreiben, Lesen und Gespräche mit anderen zu teilen. Aber wenn es schwierig ist, tolerant jemandem gegenüber zu sein, der total anders als Sie ist, dann bitten Sie Erzengel Zadkiel, Ihnen dabei zu helfen, sich für neue Ideen zu öffnen. Denken Sie daran: Jeder ist auf seine Weise ein Lehrer für Sie!

Interessanterweise ist Erzengel Zadkiel sehr stark mit Vergebung verknüpft. Manchmal kann die Luftigkeit der Zwillinge bedeuten, dass Sie am Ende lieber in Ihrem Kopf leben als in Ihrem Herzen. Also bitten Sie Erzengel Zadkiel, Ihnen dabei zu helfen, Ihr Herz und Ihren Verstand wieder zu verbinden, wenn Sie merken, dass Sie zu rational sind und es Ihnen an Mitgefühl mangelt. Das ist besonders dann wichtig, wenn andere Sie verletzt haben, und Sie wissen, dass Sie ihnen vergeben müssen.

Selbst wenn Ihr Herz völlig blockiert ist, kann Erzengel Zadkiel Sie daran erinnern, dass Irren menschlich ist und Vergeben göttlich. Auch falls es nicht sofort offensichtlich für Sie sein sollte, warum Sie jemandem vergeben sollten, der Sie verletzt hat, macht es rational gesehen schon sehr viel Sinn zu vergeben. Zwillinge sind normalerweise nicht nachtragend, aber manchmal bewegen sie sich derart schnell durchs Leben, dass sie einfach jeden fallen lassen, der sie verärgert. Erzengel Zadkiel wird Sie daran erinnern, dass es weit besser ist, an bestehenden Beziehungen zu arbeiten als einfach aufzugeben und sich lieber jemand Neues als Partner zu suchen.

Sonnenzeichen Zwillinge

Zwillinge haben eine sehr leichte und lockere Art, das Leben in die Hand zu nehmen, was eine wunderbare Qualität ist. Einige der anderen Zeichen grübeln schnell mal zu viel oder ihnen fehlt es an Selbstvertrauen, um bestimmte Maßnahmen zu ergreifen.

Zwillinge hingegen haben selten Schwierigkeiten, sich weiterzuentwickeln und vorwärtszukommen. Nicht, dass es ihnen an tiefen Gefühlen mangeln würde, aber sie können sie schneller einordnen und verarbeiten, da sie geistig sehr rege sind.

Und schon allein deswegen haben Zwillinge ihren Ruf, oberflächlich zu sein, überhaupt nicht verdient. Zwillinge sollten daher ihre Kritiker und Gegner ignorieren! Solche Leute sind wahrscheinlich nur neidisch auf Ihre wunderbare Fähigkeit, die Dinge sehr schnell, sehr gut zu durchdenken – und gleichzeitig auch noch andere Dinge zu erledigen. Erzengel Zadkiel arbeitet bestens mit Ihren Energien zusammen, da er Ihnen dabei hilft, Schmerzhaftes aus Ihrer Vergangenheit loszulassen und nach vorne zu blicken. Und das bedeutet nicht, dass Sie so tun, als wären gewisse Dinge nie geschehen. Es geht eher darum, Sachen zu verarbeiten und sie dann durch den Akt des Vergebens ans Universum abzugeben, wenn es berechtigt ist. Erzengel Zadkiel wird Ihnen immer dabei helfen.

Zwillinge sind sogar diejenigen unter den Tierkreiszeichen, bei denen es am allerunwahrscheinlichsten ist, dass Sie irgendwelchen Groll hegen. Das passt natürlich perfekt zu der Energie der Vergebung, die von Erzengel Zadkiel ausgeht. Wenn Sie merken, dass Ihnen jemand mit einer Beleidigung stark zugesetzt hat und Ihnen diese Sache nicht mehr aus dem Kopf geht, dann bitten Sie Erzengel Zadkiel um Hilfe. Er wird Ihre Hand halten, damit Sie Ihre Verstimmung loswerden und wieder auf Ihre typisch fröhliche Art durchs Leben wandeln können.

Wenn Sie Zwillinge sind, sind Sie eines der anpassungsfähigsten Zeichen überhaupt, das liegt zum Teil daran, dass Sie nicht in der Vergangenheit steckenbleiben. Aber bitte erwarten Sie keine Perfektion. Sie müssen nicht gleich alles loslassen. Das können nur die Wenigsten! Einige Leute sind sogar überzeugt davon, dass wir Menschen zuerst einen Zusammenbruch haben müssen, um einen Durchbruch zu erleben. Sie wissen es allerdings besser. Erzengel Zadkiel wird Sie dabei unterstützen, Ihre Leichtigkeit im Umgang mit dem Leben nicht zu verlieren. Er wird Ihnen auch dabei helfen, freundlicher mit sich selbst zu sein.

Es ist schon lustig, wie viele Zwillinge sich für ihr

Sonnenzeichen entschuldigen. Lassen Sie es sich gesagt sein: *Sie müssen sich für nichts entschuldigen!* Zwillinge sind fabelhaft, doch wenn es Teile von Ihnen gibt, mit denen Sie nicht glücklich sind, dann arbeiten Sie an diesen und bitten Sie Erzengel Zadkiel, Sie dabei zu unterstützen, auch für sich selbst Mitgefühl zu entwickeln. Zadkiel wird Ihnen helfen, Ihr inneres göttliches Licht und Ihre spirituellen Eigenschaften erkennen zu können.

Mondzeichen Zwillinge

Wenn Ihr Mond in den Zwillingen steht, dann brauchen Sie es, sich mit Menschen auszutauschen. Einige Leute sind glücklich in ihrer eigenen kleinen Welt, aber Sie gehen gerne raus und unterhalten sich mit anderen. Das können Freunde sein, sowie Familie, Kollegen oder Radiomoderatoren, Fremde, die Sie tagsüber treffen oder Leute auf Twitter und Facebook, die Sie noch gar nicht getroffen haben.

Und wenn Sie von dieser ganz seltenen Sorte der schüchternen Zwillingsmonde sein sollten, dann bekommen Sie Ihren Fix eben durch das Schreiben oder Sie sind sogar ein klassischer Bücherwurm. Und selbst schüchterne Zwillingsmonde öffnen sich im Internet Freunden und Fremden gegenüber, denn auf diese Weise können sie etwas von sich mitteilen, ohne einschüchternde Diskussionen von Angesicht zu Angesicht.

Sowohl die Zwillinge als auch Erzengel Zadkiel stehen für mentale Prozesse. Solange Sie zumindest geistig angeregt sind, haben Sie schon mal die Hälfte vom Glück.

Denken Sie daran, dass der Mond über Ihre Emotionen bestimmt, und die Zwillinge sind ein sehr wankelmütiges Zeichen. Und aus diesem Grund können Sie ganz beruhigt sein, wenn Sie sich mal deprimiert fühlen sollten, denn das wird nicht sehr lange anhalten. Wenn Sie jemand verärgert, dann neigen Sie dazu, alles schnell wieder zu vergeben und zu vergessen. Das liegt teilweise am Einfluss von Erzengel Zadkiel, dem Engel der Vergebung und des Mitgefühls. Bitten Sie Erzengel Zadkiel einzuschreiten, wenn Sie sich niedergeschlagen fühlen, und Sie werden Ihr sonniges Gemüt zurückerhalten.

Manchmal führt Zadkiel Zwillinge auch zu einer hilfreichen Person. Das kann ein Freund sein oder ein Berater. Wenn Sie erst einmal Zadkiel um Hilfe gebeten haben, dann sollten Sie Ihre Augen und Ohren offen halten, damit Sie nicht verpassen, welche Richtung Sie einschlagen sollten. Zu anderen Zeiten, werden Sie dazu angeleitet werden, etwas im Internet oder in einem Buch zu lesen, was Ihnen bei Ihrer speziellen Situation helfen wird.

Ein Zwillinge-Mond bedeutet zudem, dass Ihr Liebesleben sehr rasant ist. Mehr als alles andere sehnen Sie sich nach einem Partner, der Sie geistig und romantisch anzieht! Die Kunst, gute Gespräche führen zu können, ist für Sie unerlässlich bei einem Partner. Außerdem sollte er auch zuhören können. Erzengel Zadkiel wird Ihnen bei all Ihren Beziehungen helfen, und Sie besonders dazu ermutigen, Mitgefühl für andere zu entwickeln, während Sie durch das Leben eilen.

Merkur in den Zwillingen

Na, sind Sie gesprächig? Viele (nicht alle, aber die meisten) mit Merkur in den Zwillingen können stundenlang reden. Merkur ist der Kommunikationsplanet, und Zwillinge sind das Zeichen, das es liebt, sich zu unterhalten. Kombiniert man das und bekommt nicht so etwas wie eine Sprechmaschine – dann zumindest eine Schreib- oder Denkmaschine.

Wenn Sie das lesen und Merkur bei Ihnen in den Zwillingen ist, Sie aber eigentlich keine Plaudertasche sind, dann nur keine Panik. Manche Menschen mit Merkur in den Zwillingen haben Aspekte in ihren Horoskopen, die dazu führen, dass sie nicht immerzu reden. Diese Leute neigen dazu, auf andere Weise bei der Kommunikation hervorzustechen. Vielleicht sind Sie ein exzellenter öffentlicher Redner oder Sie sind möglicherweise hervorragend beim Schreiben von Angeboten und Berichten.

Mit dieser Astro-Kombination haben Sie fast immer auch ein sehr gutes, schnelles Gehirn. Mit dieser Konstellation besitzen Sie unübertroffene Kommunikationstalente. Sie können sich gut ausdrücken, sind vielleicht sogar ausgesprochen eloquent. Vielleicht reden Sie aber auch einfach nur gern. Wenn das der Fall ist, so ist das auch in Ordnung. Auf jeden Fall haben Sie einen sehr regen Geist.

Der Engel, der über Ihren Merkur in den Zwillingen herrscht, ist auch als Gedächtnisengel bekannt – Erzengel Zadkiel. Mit ihm zur Seite und Ihrem Merkur in den Zwillingen, können Sie sich in allem hervortun, was mit Auswendiglernen oder Einprägen zu tun hat. Prüfungen und Reden könnten zu Ihrer großen Stärke werden. Wenn Sie also jemals gezweifelt haben, ob Sie das Zeug dazu haben, dann ist es an der Zeit, endlich die Gaben zu erkennen, die Ihr Horoskop für Sie bereithält!

Mit Merkur in den Zwillingen sollte es Ihnen relativ leicht fallen, positiv zu bleiben. Jedes Mal, wenn Ihre Gedanken doch zur dunklen Seite überwechseln sollten, bitten Sie einfach Erzengel Zadkiel um Hilfe. Er wird für Sie da sein. Positive Gedanken kreieren ein positives Leben.

Venus in den Zwillingen

Wenn Sie Venus (bei der es um Liebe und Wohlstand geht) in den Zwillingen haben (bei denen es hauptsächlich um Kommunikation geht), dann lieben Sie es bestimmt zu lesen, zu scheiben und zu sprechen; und wahrscheinlich können Sie mit diesen Dingen viel Geld verdienen. Wann immer Sie Leute treffen, werden Sie als sehr charmant und unterhaltsam empfunden.

Sie haben das Potenzial, ein großes Kommunikationstalent zu sein. Aber Sie sind auch die Person, die zu oft ihren Status auf Facebook updatet. Zum Glück schreiben Sie diese Zeilen in der Regel so lustig, dass die

Menschen Ihnen gern vergeben (Zwillinge haben einen großartigen Sinn für Humor).

Sie sind ein Mensch, der weitertelefoniert, obwohl er längst etwas anderes tun sollte. Wenn Sie keinen Blog verfassen, dann schreiben Sie wahrscheinlich viele Text-Nachrichten. Und Sie lesen gerne. Sie haben wahrscheinlich außerdem eine enge Beziehung zu Ihrem Handy. (Klingt das alles vertraut?)

Ihre Venus in den Zwillingen wird von Erzengel Zadkiel bewacht, der Ihnen dabei hilft, ziemlich angst- und sorgenfrei durchs Leben zu gehen.

Eine von Erzengel Zadkiels Stärken ist Vergebung. Sie können sich glücklich schätzen, da Sie sich nicht weiter mit vergangenen Verletzungen und Beleidigungen aufhalten. Stattdessen sind Sie vielmehr ein Mensch, der sich sagt: »Heute ist ein neuer Tag!«– zumindest wenn es keine anderen Elemente in Ihrem Horoskop gibt, die es schwierig für Sie machen, loszulassen. Und zu diesen seltenen Gelegenheiten, wenn Sie größere Schwierigkeiten mit dem Vergeben und Vergessen haben, bitten Sie Erzengel Zadkiel um Hilfe.

Wenn Sie manchmal das Gefühl haben, Sie sind mehr Form als Inhalt – egal ob privat oder beruflich – dann bitten Sie Erzengel Zadkiel Ihnen zu helfen, etwas langsamer zu machen. Das Gleiche gilt, wenn Sie wissen, dass Sie mit den Gefühlen eines anderen Menschen etwas zu rücksichtslos umgesprungen sind.

Venus in den Zwillingen schenkt Ihnen kreative Fähigkeiten und großes Talent im Flirten. Insgesamt können Sie sich also sehr freuen, dass Sie für diese Inkarnation diese Astro-Kombination ausgewählt haben. Denken Sie daran, dass es bei der Venus um Liebe und Wohlstand geht. Wenn Sie also irgendein Problem in diesen Bereichen haben, dann wenden Sie sich vertrauensvoll an Erzengel Zadkiel.

Mars in den Zwillingen

Mars ist der Planet, der bestimmt, wie Sie mit Konflikten umgehen. Das heißt, wenn Sie mit jemandem Schwierigkeiten haben, dann besiegen Sie ihn sehr gern schlagfertig mit Ihrer scharfen Zunge. Aua!

Das Zeichen Zwillinge gilt als Plaudertasche vor dem Herrn. Und Mars ist der Planet, der die Dinge anpackt. Wenn Sie Mars in den Zwillingen haben, sind Sie ein Schnelldenker, bekommen superviel erledigt (manchmal vielleicht ein bisschen zu schnell) und sind vielleicht auch emotional sehr impulsiv.

Der Erzengel an Ihrer Seite, der Ihren launigen Mars in den Zwillingen etwas im Zaum hält, ist Zadkiel, der Engel der Vergebung. Das ist eine gute Nachricht für Sie, besonders wenn Sie mit Ihrem Mars wieder einmal eine Grenze überschritten haben. Mars in den Zwillingen kann sehr frech sein (aber auch sehr aufregend!). Sie haben keine Angst, dorthin zu gehen, wo andere sich niemals hinwagen würden. Sie stellen die harten, sengenden, bohrenden Fragen. Sie sagen das, was alle denken, aber keiner wagt, auszusprechen. Anders gesagt: Sie riskieren gern eine dicke Lippe!

Falls Sie Ärger haben, weil Sie etwas gesagt oder geschrieben haben, ohne vorher nachzudenken, dann bitten Sie Erzengel Zadkiel um Hilfe, um die Sache wieder in Ordnung zu bringen.

Keine Angst – Mars in den Zwillingen ist nicht schlecht. Es ist eine wundervolle Sache, wenn man geradeheraus ist, und wahrscheinlich sind Sie das. Wenn Sie jedoch merken, dass Sie damit zu weit gehen, dann sprechen Sie mit Erzengel Zadkiel darüber. Es ist eines der klügsten Dinge, die Sie für sich (und andere!) tun können, wenn Sie lernen, Ihre Zunge im Zaum zu halten.

Und was den sexuellen Aspekt von Mars betrifft (Mars ist ja der Planet der sexuellen Intimität), so ist sehr oft Ihr Gehirn Ihre erogenste Zone! Sie wollen einen Partner, der Sie geistig genauso stimuliert wie auf allen anderen Ebenen.

Aszendent Zwillinge

Menschen mit Aszendent Zwillinge sind großartige Gesprächspartner und berühmt dafür, »nicht gerade auf den Mund gefallen zu sein«. Mit diesem Aszendenten wird es nie eine peinliche Stille geben! Wenn Sie sich erst einmal gut mit jemandem verstehen, sind Sie derjenige, der höchstwahrscheinlich das Gespräch am Laufen halten wird.

Einige Leute finden vielleicht sogar, dass Sie mit Ihrem Zwillinge-Flair ziemlich oberflächlich erscheinen. Man sagt, dass Sie die Art von Person sind, die sich auf der Party mit jemandem unterhält, aber dabei schon über dessen Schulter nach einem interessanteren Gesprächspartner Ausschau hält. Klingt das vertraut? Wenn der Gedanke allein schon wehtut, dann könnte ein Körnchen Wahrheit darin sein. Versuchen Sie also, an dieser Seite von sich zu arbeiten. Viele Leute mögen ihren Aszendenten nicht, wenn sie zum ersten Mal erfahren, welchen sie haben. Das kommt daher, dass es der Teil von uns ist, den andere zuerst wahrnehmen, und vielleicht würden wir es vorziehen, wenn sie etwas ganz anderes sehen würden!

Und wo passt Erzengel Zadkiel da hinein? Nun, er ist im Grunde Ihre Rettung! Während Sie vielleicht eine etwas oberflächliche Ausstrahlung haben (Ihr Aszendent ist mehr oder weniger Ihre öffentliche Maske), ist Zadkiel der Erzengel, der Ihrem Aszendenten Substanz verleiht. Schließlich ist Zadkiel der Engel der Vergebung und des Mitgefühls, während die Zwillinge ja für Kommunikation stehen. Also trotz des Rufes, dass von Zwillingen nur heiße Luft kommt, sind Sie eine Person, die sich wirklich eloquent durch unangenehme Gesprächspausen zu schlängeln weiß und allen dabei hilft, endlich zu einer Einigung zu gelangen. Das ist eine große Gabe und etwas, das Sie schätzen sollten, besonders wenn Sie bisher eher Bedenken wegen Ihres Aszendenten hatten.

Erzengel Zadkiel kann außerdem Ihre Hellhörigkeit verbessern, wenn Sie dafür offen sind. Hellhörigkeit heißt in diesem Fall, auditive Botschaften aus der geistigen Welt zu empfangen. Entweder hören Sie diese im Kopf oder andere sagen Dinge, die etwas in Ihnen zum

Klingen bringen. Es ist immer gut, Ihre Intuition zu entwickeln. Das wird Ihnen sowohl persönlich als auch
beruflich zugutekommen. Viele Zwillinge sind von Natur aus schon sehr intuitiv und haben sehr empfindsame übersinnliche Antennen.

* * *

Sie können sich wegen jedem der folgenden Dinge an Erzengel Gabriel wenden, ganz egal, was Sie für ein Sternzeichen haben:

1. Um Probleme mit Ihren Eltern zu heilen

2. Um Anleitung bei der Kindererziehung zu erhalten

3. Wenn Sie sich eine eigene Familie wünschen

4. Wenn Sie Probleme haben, schwanger zu werden

5. Wenn Sie etwas für Ihre Familie wollen, wie ein größeres Haus oder einen Urlaub

6. Wenn Sie eine große, wichtige Ankündigung zu verlauten haben

7. Wenn Sie möchten, dass Ihr Buch veröffentlicht wird

8. Wenn Sie einen wichtigen Text verfassen müssen

9. Wenn Sie bei sich zu Hause gerne glücklicher wären

10. Wenn Sie einen Raum für Ihre Kinder möblieren oder neu dekorieren

11. Wenn Sie bestimmte Dinge mit Priorität nicht länger auf-schieben sollten

12. Wenn Sie Probleme haben, Ihr Zuhause zu kaufen oder zu verkaufen

13. Wenn Sie mehr Zeit brauchen, um sich um sich selbst zu kümmern

14. Wenn Sie all Ihre Zeit damit verbringen, sich um jemand anderen zu kümmern

15. Wenn Sie Ihr inneres Kind aufwecken und mehr Spaß haben sollten

16. Wenn Sie künstlerisch begabt sind und sich im kreativen Bereich weiterentwickeln wollen

17. Wenn Sie davon träumen, Ihren Lebensunterhalt durch künstlerisches Schaffen zu verdienen

18. Wenn Sie Hilfe bei einer Adoption benötigen

19. Um mehr Vertrauen zu gewinnen bei großen Veränderun-gen im Leben

20. Um engere Beziehungen zu Jesus und der Heiligen Jungfrau Maria zu entwickeln

KAPITEL 4

Krebs und Erzengel Gabriel
22. Juni – 23. Juli

Diejenigen, die unter dem Zeichen des Krebses geboren sind, halten sich sehr gerne zu Hause auf. Dort, wo in Ihrem Horoskop der Krebs auftaucht, ist auch der Bereich, in dem Sie sehr loyal, beschützend, empfindsam und manchmal auch launisch sind.

Krebse haben den Ruf, gern zu Hause zu bleiben und wunderbare Kuchen für ihre Lieben zu backen und sowieso nur an ihre Kinder, Partner und die restlichen Verwandten zu denken. Und das entspricht zum Teil der Wahrheit! Der Krebs ist das familiärste aller Zeichen. Doch wenn Sie irgendwelche Krebse kennen, dann wissen Sie, dass das auch sehr dynamische Leute sind! Sie können ebenso treibende Kräfte in der Geschäftswelt sein. Allerdings sind sie auch glücklich, wenn sie zu Hause bleiben und sich auf die Kindererziehung konzentrieren. Krebse sind ein wundervoller Mix aus kraftvoller Energie und Fürsorglichkeit. Und aus diesem Grund steht ihnen die fürsorgliche und starke Gabriel als Erzengel zur Seite. Bevor wir weitermachen, noch eine Kleinigkeit: Es gibt da diese Debatte, ob Erzengel Gabriel nun männlich oder weiblich ist. Der Name passt für beide Geschlechter. Doch Erzengel Gabriel wird von den meisten Kirchgängern als männlich wahrgenommen. In vielen frühen, wunderschönen Gemälden wird Gabriel jedoch mit langem Haar und Kleid, weiblichem Gesicht und femininer Figur dargestellt. In diesem Buch arbeiten wir daher mit der Prämisse, dass Gabriel weiblich ist.

Erzengel Gabriel ist wahrscheinlich am besten bekannt durch die biblische Geschichte, wie sie der Jungfrau Maria erschien und ihr verkündete, dass sie bald ein Kind bekommen würde. Diese Geschichte kennt jeder, der Christenlehre oder Religionsunterricht hatte. Es ist eine der berühmtesten Stellen der Bibel – bekannt als die »Verkündigung«. Erzengel Gabriel sprach: »Fürchte dich nicht, Maria! Du hast Gnade bei Gott gefunden. Siehe, du wirst schwanger werden und einen Sohn gebären, des Namens sollst du Jesus heißen.«

Das ist nicht das einzige Mal, dass Erzengel Gabriel in Verbindung mit der Geburt Jesu in Erscheinung tritt. Auch später erscheint sie in der Bibel, wenn sie den Hirten auf den Feldern »große Freude verkündet« und ihnen von Jesu Geburt erzählt. Gabriel überbrachte auch dem älteren, kinderlosen Ehepaar Zacharias und Elisabeth die wunderbare Nachricht, dass die beiden ein Kind bekommen würden. Eine Prophezeiung, die sich mit der Geburt ihres Sohnes, Johannes, dem Täufer, erfüllte.

Gabriel ist unter den Erzengeln am familienorientiertesten, und aus diesem Grund passt sie sehr gut zum

Krebs, der wiederum das familienorientierteste Tierkreiszeichen ist. Schließlich wird Krebs ja auch vom Mond beherrscht, und beim Mond dreht sich sehr viel um Heim und Mutterschaft.

Es kommt daher nicht überraschend, dass Erzengel Gabriel und das Zeichen Krebs sehr stark mit Schwangerschaft und Kindererziehung in Verbindung gebracht werden. Gabriel verhilft Paaren, die gern Eltern wären, zu Empfängnis und guter Hoffnung. Und wenn jemand ein Kind bekommt und alles über Elternschaft und die Wunder und Herausforderungen, die das mit sich bringt, lernt, dann ist Erzengel Gabriel nicht weit, denn sie hilft allen, die sie darum bitten.

Erzengel Gabriel und Krebs ergeben eine sehr warme und wohlige Kombination. Wenn Sie Freunde haben, die Krebs sind, dann wissen Sie, wie fürsorglich sie sind.

Erzengel Gabriel wird meist mit Kindern assoziiert, die das Schulalter noch nicht erreicht haben. Danach übernehmen dann Metatron (Jungfrau) und Uriel (Wassermann). Wenn Sie also sehr junge Kinder haben, dann bitten Sie Gabriel darum, auf sie aufzupassen, bis sie zur Schule gehen. Danach können Sie sich dann an Metatron und Uriel wenden, damit für sie gesorgt wird, während sie heranwachsen.

Erzengel Gabriel hilft genauso viel bei adoptierten Kindern, wie sie das bei biologischen tut. Wenn Sie adoptieren möchten oder das bereits getan haben, dann bitten Sie auch Erzengel Gabriel um Hilfe. Sie wird für Sie da sein, besonders während des schwierigen Adoptionsprozesses und den Familienproblemen, die dadurch folgen können. Gabriel hilft Eltern dabei, ihr Potenzial voll auszuschöpfen, was den Nachwuchs betrifft.

Sowohl Erzengel Gabriel als auch Krebs sind für ihre Zärtlichkeit bekannt. Denken Sie an eine Mutter, die ihr Kleines stillt, dann bekommen Sie eine Ahnung von der Sanftheit, von der hier die Rede ist. Aber in Beziehungen kann der Krebs zuweilen auch zu anhänglich und bedürftig sein.

Erzengel Gabriel ist auch für Sie da, wenn Sie mit Ihrem inneren Kind in Kontakt treten wollen, was eigentlich allen Zeichen guttun würde. Wenn Sie zu viel gearbeitet oder sich zu viele Sorgen gemacht haben, dann kann Ihnen dieser Erzengel dabei helfen, loszulassen, Spaß zu haben und sich auch mal etwas auszutoben. Denn schließlich hat der Schöpfer Sie nicht in diese Welt gebracht, damit Sie immerzu nur kämpfen. Gabriel kann Ihnen helfen, Ihre Pflichten auszubalancieren, indem Sie sich auch mal Vergnügungen und Zeit für sich gönnen.

Und wie eine gute Mutter, so stößt Erzengel Gabriel auch Sie auf Ihrem Weg immer wieder in die richtige Richtung. Dieses Merkmal entspricht auch der Krebs-Energie. Der Krebs ist eines der Kardinalzeichen, was bedeutet, dass es auch zur Fürsorge gehört, Ihren Nachwuchs zu lehren, zu motivieren und in die richtige Richtung zu stupsen. Gute Eltern lassen ihre Kinder nicht einfach Amok laufen. Eine gute Mutter oder ein guter Vater versteht, dass Kinder Führung brauchen. Erzengel Gabriel kann auch Sie in jedem Alter führen und motivieren.

Finanzielle Unsicherheit ist ein weiterer Schwerpunkt bei denen, die viel Krebs in ihrem Horoskop haben. Obwohl sie häufig sehr volle Konten haben, machen sie sich ständig Sorgen, ob sie genug Geld haben, um ihren Grundbedarf zu decken. Und wenn Krebse das Gefühl haben, finanziell »herumkrebsen« zu müssen, dann werden sie launisch und mürrisch.

Krebse und Menschen mit viel Krebs in ihrem Horoskop (diejenigen mit Sonnenzeichen, Mondzeichen oder ihrem Aszendent im Krebs) neigen dazu, gute Verdiener zu sein und gute Sparer. So sind sie einfach – sie wollen eben gut für ihre Lieben sorgen können. Krebse haben eigentlich nie das Gefühl, dass genügend Geld da ist, sodass sie sich auch mal entspannt zurücklehnen können. Sie wollen stets mehr auf der Bank haben – nicht, um damit angeben zu können, sondern für mehr finanzielle Sicherheit. Erzengel Gabriel kann auch dabei helfen.

Sie fungiert außerdem als Managerin oder Agentin für diejenigen, die »Botschaften« überbringen – wie Künstler oder Autoren. Welches kreative Talent Sie auch besitzen, Erzengel Gabriel kann Ihnen bei Ihrer Karriere behilflich sein. Wenden Sie sich an Gabriel, wenn Sie Unterstützung im künstlerischen Bereich benötigen, wenn Sie in der Kommunikationsbranche tätig sind oder mit spirituellen Botschaften zu tun haben.

Sonnenzeichen Krebs

Jedes Tierkreiszeichen wird von einem bestimmten Planeten begleitet, und beim Krebs ist dieser »Planet« der

Mond. Wenn Sie also Krebs sind, wacht der Mond über Sie. An sich ist das eine großartige Sache und bedeutet, dass Sie überaus gefühlvoll sind. Das ist die positive Variante. Die weniger wohlwollende Interpretation: Sie können sehr launisch sein. So können Sie morgens sehr fröhlich sein, sich nachmittags niedergeschlagen fühlen und abends dann wieder superfröhlich sein. Das liegt daran, dass Sie mehr als alle anderen die Energie des Mondes in sich aufnehmen.

Der Mond harmonisiert beispielsweise mit Venus (fröhlich), gerät dann mit Pluto aneinander (nicht mehr so fröhlich), bevor er wieder in Harmonie zu Neptun steht (fröhlich). Bedeutet das, dass Sie ein Sklave Ihrer Emotionen sind? Hoffentlich nicht! Und da Sie nun wissen, dass die wunderschöne Gabriel über Ihr Sonnenzeichen wacht, möchten Sie bestimmt lernen, wie Sie mit ihrer besänftigenden Energie arbeiten können. Bitten Sie sie einfach, Ihnen zu helfen, Ihre Emotionen auszubalancieren. Vielleicht fühlen Sie sich zu morgendlichen Meditationen angeleitet oder dazu, Yoga-Unterricht zu nehmen und Ihre Ernährung umzustellen. (Alles, was wir essen, beeinflusst unsere Stimmung.)

Erzengel Gabriel ist einer der fürsorglichsten Erzengel, die es gibt. Wenn Sie also merken, dass Sie sich emotional nicht so ausgeglichen fühlen, wie Sie das gerne hätten, dann setzen Sie sich ruhig hin und meditieren mit ihr. Bitten Sie sie, Ihnen inneren Frieden zu bringen. Denken Sie daran, was Erzengel Gabriels Name bedeutet: »Gott ist meine Stärke.« Wenn Sie also mehr Kraft benötigen, können Sie sie danach fragen. Krebse sind als

empfindsame, manchmal auch ängstliche Menschen bekannt, deshalb ist es gut, sich an Erzengel Gabriels
Schulter zu lehnen, wenn wieder einmal alles zu viel
wird. Ein Teil Ihrer Unsicherheit kann daher rühren,
dass Sie so sehr an Ihrer Familie hängen. Manchmal
kümmern Sie sich so sehr um sie, dass es wehtut. Wenn
Sie also Sorgen wegen Ihren Lieben haben, dann bitten
Sie um Hilfe.

Erzengel Gabriel ist außerdem für alle da, die mit
Kunst zu tun haben. Rufen Sie sie an, wenn Sie Hilfe,
Beratung und Vermittlung brauchen, weil Sie Schauspie-
ler, Maler, Autor, Tänzer, Journalist, Model, Musiker,
Reporter, Sänger, Songwriter oder Lehrer sind – oder
aber werden möchten.

Mondzeichen Krebs

Ein Krebs-Mond ist ein großer Segen. Er macht Sie zu
einem sanftmütigen und gutherzigen Menschen, der
sich ideal für die Elternschaft eignet. Wenn Sie aus irgendeinem Grund keine Kinder haben können, dann
können Sie ja auch Zeit mit den Kindern in Ihrer Familie oder denen Ihrer Freunde verbringen. Das kann
wahre Wunder bewirken. Oder Sie wenden Ihr erziehe-
risches Geschick bei Tieren an – das können Sie eigentlich bei jedem Wesen tun, das Schutz braucht. Sie ziehen
auf jeden Fall Befriedigung daraus, sich um andere zu
kümmern.

Ihr Mondzeichen offenbart auch, was Sie *brauchen*.
Mond im Krebs bedeutet, dass Sie es brauchen, andere

zu versorgen und auch selbst umsorgt zu werden. Ihnen fällt es leicht, sich darauf zu konzentrieren, für andere zu sorgen. Wenn Sie sie danach fragen, wird Erzengel Gabriel Ihnen zeigen, wie Sie anderen am besten helfen und auf sie Acht geben können. Wenn Sie aber wissen, dass Sie auf ungesunde Art zu fürsorglich sind, weil Sie nach dem Gefühl, gebraucht zu werden, süchtig sind (etwas, womit viele Krebse zu kämpfen haben), dann kann Ihnen Erzengel Gabriel auch dabei helfen. Teil einer guten Erziehung ist es zudem, dass Sie Ihren Kindern (und anderen Leuten, um die Sie sich kümmern) erlauben, sich weiterzuentwickeln und selbstständig zu werden.

Davon abgesehen kann Ihnen Erzengel Gabriel auch allgemein mit Ihren Kindern helfen. Sie ist für alle Mütter und Väter da, und wenn Sie einen Krebs-Mond haben, dann haben Sie eine besonders gute Verbindung zu ihr. Sie können es sich in etwa so vorstellen, als ob Sie Erzengel Gabriel auf der Kurzwahltaste eingespeichert haben.

Aber Sie sollten nicht nur andere umsorgen, sondern müssen sich auch um sich selbst kümmern. Mit einem Krebs-Mond sind Sie besonders sensibel bei schmerzhaften Momenten im Leben. Bitten Sie also Gabriel ihnen zu helfen, darauf zu achten, dass es Ihnen selbst auch gutgeht. Die Hilfe, die Sie anderen geben, sollte emotional gesund und nicht der Sucht, gebraucht zu werden, entspringen.

Mit Erzengel Gabriel, die über Ihren Mond wacht, haben Sie auch einen guten Schutzengel, um sich künstlerisch zu betätigen. Wenn das etwas ist, dass Sie gerne tun würden oder bereits tun, dann denken Sie daran, sich an Erzengel Gabriel zu wenden, wenn Sie sich unsicher fühlen – bezüglich Ihrer Fortschritte oder Ihrem nächsten Schritt. Gabriel hat in der Vergangenheit schon für andere menschliche Botschafter viele tolle Türen geöffnet und kann für Sie dasselbe tun.

Merkur im Krebs

Merkur ist der Planet, der bestimmt, wie Sie sprechen, denken und schreiben. Krebs ist das Zeichen, das für liebevolles Umsorgen steht. Zusammen ergibt das jemanden, der sehr warmherzig und fürsorglich klingt, wenn er spricht. Das ist ein unheimlich großes Geschenk! Sie wissen vielleicht, dass es bei der Kommunikation fast immer darauf ankommt, wie etwas gesagt wird, und nicht so sehr, was gesagt wird. Wenn Sie freundlich mit den Menschen sprechen, ist es viel wahrscheinlicher, dass man Ihnen Aufmerksamkeit schenkt.

Das ist die gute Seite. Trotzdem bedeutet Merkur im Krebs auch, dass Sie zur Launenhaftigkeit neigen. Merkur ist der Planet des Geistes, und Krebs wird vom Mond beherrscht, der ständig zu- und wieder abnimmt. Genauso kann die Art und Weise, wie Ihr Geist funktioniert, so wechselhaft sein wie der Mondzyklus. Eines Tages sind Sie obenauf und superoptimistisch. Und am nächsten Tag haben Sie das Gefühl, dass alles zusammenbrechen wird! Manchmal scheint Ihnen sogar der Boden unter den Füßen völlig weggezogen zu sein, sodass Sie vor Unsicherheit nicht mehr ein noch aus wissen.

Der Engel, der über Ihren Merkur im Krebs herrscht, ist Gabriel, was eine ganz wundervolle Kombination erzeugt. Merkur ist der Planet der Kommunikation, und Gabriel ist der Erzengel, der eine der bekanntesten Mitteilungen überhaupt machte: die Verkündigung, bei der die Heilige Jungfrau Maria erfuhr, dass sie bald die Mutter von Jesus werden würde.

Bitten Sie Erzengel Gabriel um emotionale Ausgeglichenheit. Es kann zudem hilfreich sein, den Mondzyklus im Auge zu behalten. Wenn der Mond zunimmt, sollten Sie vielleicht öfter mal tief durchatmen!

Es überrascht nicht, dass Merkur im Krebs eine großartige Konstellation für jeden ist, der schreiben will oder es bereits tut (beispielsweise professionelle Autoren oder Leute, die Berichte für ihren Job oder bei ihrer Ausbildung schreiben müssen). Und es muss eigentlich nicht extra erwähnt werden, dass ein Mensch mit Merkur im Krebs sich wundervoll als Elternteil eignet. Erzengel Gabriel hat eine starke Verbundenheit zu allem, was mit Familie zu tun hat, ebenso wie auch der Krebs. Mit Merkur im Krebs sind Sie zudem sehr intuitiv, also bitten Sie Erzengel Gabriel, Ihnen zu helfen, Ihre Intuition auch im Alltag noch stärker zu entwickeln.

Venus im Krebs

Nun, hier haben wir es ja mal mit einer romantischen Astro-Kombination zu tun! Venus ist der Planet der Liebe, und Krebs ist eines der gefühlvollsten Zeichen überhaupt. Krebse haben zwar bekanntlich eine harte

Schale, aber ihr weicher Unterbauch macht sie verletzlich!

Wenn Sie Venus (den Planet der Liebe und des Luxus) im Krebs haben (sentimental, empfindsam, aber trotzdem eher dynamisch), dann haben Sie eine reizende, verträumte Kombination, die einen tiefen Wunsch nach einem glücklichen Heim mit sich bringt.

Leute mit Venus im Krebs geben wundervolle und hingebungsvolle Eltern ab. Kinder mit der Venus im Krebs neigen dazu, sanft und höflich zu sein – allerdings launisch!

Menschen mit dieser Astro-Kombination haben das Problem, dass sie manchmal *überempfindlich* oder *allzu sehr* besorgt sind. Bitten Sie also den Engel, der über Ihre Venus wacht – Erzengel Gabriel – Ihnen zu helfen, nicht alles so persönlich zu nehmen! Erzengel Gabriel kann Sie auch unterstützen, wenn Sie merken, dass Sie zu sehr klammern (typisch für Krebse).

Wenn es um Ihr Liebesleben geht und Ihre Venus im Krebs steht, dann sind Sie (1) wenn Sie erst einmal Ihr Herz verschenkt haben, wie Wachs in den Händen Ihres Partners und (2) sehr liebevoll und loyal. Wenn Sie solo sind und nach Liebe suchen, oder wenn Sie und Ihr Partner gerade eine schwere Zeit durchmachen, dann sprechen Sie mit Erzengel Gabriel, die Ihnen bei diesen Dingen helfen kann.

Aber wenn all das für Sie so klingt, als würde Sie Ihre Venus im Krebs zum Schwächling machen, dann irren Sie sich gewaltig! Menschen mit der Venus im Krebs können auch sehr dynamisch sein.

Ihre Venus bestimmt auch, wie Sie über Fülle und Wohlstand denken. Krebs ist eines der Zeichen, welche die besten Voraussetzungen dafür haben, einen sehr hohen Lebensstandard zu erlangen. Und die Kombination von Venus in Krebs bringt Menschen hervor, die ein hübsches Einkommen erzielen können, von dem sie wahrscheinlich das Meiste für ihre Lieben verwenden wollen – besonders für entspannte Urlaube am Wasser – egal ob am Meer, am See, an einem Fluss oder auch nur am Pool. Sprechen Sie bei eventuellen Geldproblemen immer mit Erzengel Gabriel.

Mars im Krebs

Mars ist der Planet des Antriebs, der Entschlossenheit, der Wut und der Aggression. Krebs ist das Wasserzeichen, dessen Symboltier sich bei den ersten Anzeichen von Gefahr seitwärts davonmacht. Wenn Sie also Ihren Mars im Krebs haben, sollten Sie an Ihren Durchsetzungsfähigkeiten arbeiten. Das Gute an Mars im Krebs: Sie wissen, dass man manchmal seine Träume am besten nicht direkt, sondern eher »von der Seite« verfolgen sollte. Sie vermeiden Konfrontationen, wann immer möglich.

Die Kehrseite bei Mars im Krebs: Sie sind manchmal so leicht aus der Fassung zu bringen, dass Sie viel zu früh eine Sache aufgeben oder einen Menschen fallen lassen.

Wann sind Sie also der große, starke Mars im Krebs anstatt des ängstlichen Mars im Krebs? Nun, wenn der

Mond gerade günstig für Sie steht und Ihnen die Sache so sehr am Herzen liegt, dass Sie bereit sind, dafür zu kämpfen, dann können Sie ebenso gut austeilen wie Sie einstecken können. Und zu manchen Zeiten sind Sie sogar ziemlich streitlustig. Und wenn jemandem, den Sie lieben, etwas angetan wird, dann reagieren Sie sofort und denken erst später über die Konsequenzen nach.

Der Engel, der über Ihren Mars im Krebs herrscht, ist Gabriel. Wenn Sie wissen, dass Sie jähzornig werden können oder dazu neigen, sich zu streiten nur um des Streites willen, dann können Sie Erzengel Gabriel fragen, wie Sie mit diesen potenziellen Problemen am besten umgehen sollen.

Aber auch wenn Sie eher der konfliktscheue Typ sind, der Konfrontationen gerne vermeidet, können Sie Erzengel Gabriel um Hilfe bei den Schlachten bitten, denen Sie sich stellen müssen. Keiner verlangt von Ihnen, ständig schwere Geschütze aufzufahren. Trotzdem muss man sich manchen Konflikten auch stellen. Erzengel Gabriel kann Ihnen helfen, sich für Problemgespräche etwas bereiter und offener zu fühlen, selbst wenn Sie anfangs noch sehr eingeschüchtert sein sollten.

Bedenken Sie, dass es beim Mars auch um sexuelle Intimität geht. Mars im Krebs bringt für gewöhnlich Menschen hervor, die sich erst einmal richtig verlieben müssen, damit es mit dem Sex klappt. Wir sprechen also von gefühlvoller Sinnlichkeit. Wenden Sie sich an Erzengel Gabriel, wenn Sie jemals Probleme mit Intimität haben sollten.

Aszendent Krebs

Der Mond wacht über den Krebs, und Ihr Aszendent bestimmt ja Ihre Außenwirkung. Also überrascht es nicht, dass viele Menschen mit Krebs-Aszendenten runde Mondgesichter haben! Die Frauen sind außerdem eher vollbusig, da Krebs das mütterliche Zeichen ist, dass mit Kindererziehung assoziiert wird. Erzengel Gabriel hat eine starke feminine Energie, die auch wunderbar zum Krebs-Aszendenten passt.

Die fürsorgliche Seite des Krebses ist eine sehr starke Eigenschaft bei denen, die Krebs als Aszendent haben. Solche Menschen begrüßen einen mit einer warmen Umarmung, bewirten einen mit hausgemachter Suppe und selbstgebackenem Brot und hören einem sanft lächelnd zu. Die Kombination aus Krebs und Erzengel Gabriel bringt Menschen mit sehr warmherziger Ausstrahlung hervor (denken Sie daran, dass Ihr Aszendent für Ihre Persönlichkeit verantwortlich ist, die Sie der Öffentlichkeit zeigen). Wenn Sie tanzen, singen, modeln oder sonst irgendetwas Künstlerisches tun, das mit öffentlichen Auftritten zu tun hat, dann ist dieser Aszendent ein wahrer Segen für Sie. Gerade da Krebs-Menschen eigentlich als schüchtern gelten, kann Ihnen die Energie von Erzengel Gabriel wirklich helfen. Gabriel hilft besonders Botschaftern und Künstlern. Darum bitten Sie sie um Unterstützung, wann immer Sie einen Bühnenauftritt haben. Aber natürlich genauso, wenn Sie Autor sind und gerade mit einer Schreibblockade zu kämpfen haben.

Leute mit einem Krebs-Aszendent können wunderbar Ihren Emotionen Ausdruck verleihen, und da Erzengel Gabriels Fokus auf der Kommunikation liegt, sind Sie diesbezüglich wahrlich vom Himmel reich beschenkt.

* * *

Sie können sich wegen jedem der folgenden Dinge an Erzengel Raziel wenden, ganz egal, was Sie für ein Sternzeichen haben:

1. Wenn Sie eine karmische Beziehung heilen wollen

2. Wenn Sie Esoterisches tiefer verstehen wollen

3. Wenn Sie sich an Ihre früheren Leben erinnern wollen

4. Wenn Sie die Aufmerksamkeit von jemandem erregen wollen

5. Um Ihre Träume zu deuten

6. Um sich besser an Ihre Träume erinnern zu können

7. Wenn Sie mit jemandem im Himmel kommunizieren möchten

8. Um Ihre übersinnlichen Fähigkeiten zu verbessern

9. Um Ihren Geist und Ihr Herz für andere Dimensionen zu öffnen

10. Um Hilfe zu bekommen, wenn Sie über Spiritualität schreiben oder diese unterrichten

11. Wenn Sie wissen, dass Ihr Ego dabei ist, aus der Kontrolle zu geraten

12. Um an Informationen über alte Geheimnisse und antike Weisheiten zu gelangen

13. Um enger mit Gott verbunden zu sein

14. Um das automatische Schreiben von göttlichen Botschaften zu erlernen

15. Um Ihr Karma auszubalancieren

16. Um Phobien zu verstehen und zu heilen

17. Um die Ursachen chronischer Beschwerden und Muster aufzudecken

18. Um Rückführungen bei anderen durchzuführen

19. Um sich von negativen Mustern und toxischen Beziehungen zu befreien

20. Um Ihre Traumkarriere als spiritueller Lehrer zu manifestieren

KAPITEL 5

Löwe und Erzengel Raziel

24. Juli – 23. August

Erzengel Raziel hat eine regenbogenfarbene Aura, die das Zeichen des Löwen wunderbar ergänzt, das zudem von der Sonne geleitet wird. Ohne die Sonne gibt es keinen Regenbogen ... und ohne den Regenbogen? Nun ja, da wäre das Leben nicht so zauberhaft! Und genauso wäre die Welt viel farbloser ohne die wundervolle Über-Persönlichkeit der Löwen!

Und Erzengel Raziel bringt sogar noch mehr Schönheit in das Bild des Löwen. Wie die Sonne, so leuchtet auch Raziel. Wie der Regenbogen, so schillert auch Raziel. Wo immer Sie den Löwen in Ihrem Horoskop haben, ist der Bereich, in dem Sie erstrahlen können.

Beim Löwen dreht sich alles um Drama und die große Show. Das ist das Zeichen, das über Schauspielern wacht – und über das begleitende Drama – im Fernsehen, auf der Bühne oder im Film. Das Drama kann sich manchmal ins richtige Leben ausdehnen, da Löwen als Divas und Drama Queens bekannt sind, die immer im

Zentrum der Aufmerksamkeit stehen wollen. Denken Sie an einen großen Auftritt, bei dem sich alle den Hals verdrehen, um einen Blick auf die betreffende Person zu erhaschen – dann haben Sie ein Bild und ein Gefühl für den Löwen in all seiner Pracht.

Denken Sie an das Symbol des Löwen: der König des Dschungels, der Inbegriff des Majestätischen. Löwen sind einfach keine Mauerblümchen. Aus demselben Grund ist auch Raziel einer der auffälligsten Erzengel. Die Herrlichkeit des Himmels wird sichtbar in den wunderschönen Lichtprismen des Regenbogens, der Raziel umgibt und die Sonne des Löwen reflektiert.

Als Zauberer und Metaphysiker der Erzengel hat Raziel die Kraft zu heilen. Und das trifft auch auf Löwen oder Menschen mit viel Löwe im Horoskop zu, ob sie es nun wissen oder nicht. Sie haben die Fähigkeit, die Menschen zu unterhalten und die Stimmung der Menschen aufzuhellen, im wahrsten Sinne des Wortes. Denken Sie an den Schauspieler auf der Bühne, der dem Publikum mit seiner Darbietung dabei hilft, all Probleme für eine Weile zu vergessen. Erzengel Raziel kann den Menschen auch dabei helfen, ihre schmerzhafte Vergangenheit zu heilen, wenn sie darum bitten. Aus demselben Grund kann es uns von uns selbst ablenken, wenn wir Zeit mit einem Löwen verbringen. Denn Löwen lieben es, viel über sich selbst zu reden!

Löwen wird oft vorgehalten, dass sie sich für das Zentrum des Universums halten. Aber wenn man bedenkt, dass der Planet ihres Zeichens die Sonne ist, dann ist es nur natürlich, dass sie das Gefühl haben, dass sich alles um sie »dreht«, so wie die anderen Planeten eben um die Sonne kreisen. Aber das Gute an Löwen ist ihre extreme Warmherzigkeit und ihre großzügige Art.

Sie haben zwar diese Einstellung von »Hey, seht mich an!« (die Königin des Pop, Madonna ist ein Beispiel), aber ihr Selbstbewusstsein kann uns dazu inspirieren, uns selbst auch selbstbewusster zu fühlen.

Löwen leben mit der Maxime: »Es ist nichts Erleuchtetes daran, wenn man sich selbst zurücknimmt, nur damit die anderen sich nicht verunsichert fühlen.« Menschen mit starker Löwenenergie in ihrem Geburtshoroskop sind auf viele verschiedene Arten grandios, einschließlich ihrer Großherzigkeit und ihrer Großzügigkeit. Sie sind niemals kleinlich. Stattdessen helfen sie uns, unsere eigenen persönlichen Standards anzuheben. Wenn wir mit Löwen Zeit verbringen und uns danach schlechter fühlen, dann ist das wirklich unser Problem und nicht das der Löwen! Erzengel Raziel heilt schließlich auch Neurosen.

Der Löwe ist auch das Zeichen, das sich niemals lange mit der Vergangenheit auseinandersetzt. Die Sonne ist niemals rückläufig (wie beispielsweise Merkur, Venus und Mars). Das ergänzt die Energie von Erzengel Raziel wundervoll. Er hilft uns dabei, mit der Vergangenheit fertigzuwerden – nicht ständig in Erinnerungen zu schwelgen, sondern in die Zukunft zu blicken. Erzengel Raziel kann uns in allen Richtungen der Zeit helfen, einschließlich mit unseren früheren Leben und unseren emotionalen Wunden aus der Kindheit. Denken Sie beim Löwen an die Sonne, die leuchtet, scheint und alles erhellt, wo vorher Dunkelheit und Angst herrschten. So kann uns Erzengel Raziel heilen, wo auch immer wir Löwe in unserem Horoskop haben.

Außerdem tragen Löwen meist ihr Herz auf der Zunge. Doch da sie ja immer sehr auffällig sind und sich in den Vordergrund spielen, werden sie dadurch sehr anfällig für Kritik. Das ist Teil ihres Charmes und ihrer berühmten Großherzigkeit. Aus dem gleichen Grund hilft Erzengel Raziel uns, tiefsitzende Verletzungen zu heilen, indem er Schicht für Schicht den Schmerz entfernt, den wir angesammelt haben.

Wenn Sie also emotionale Schmerzen haben, die Heilung brauchen, dann sollten Sie sich an Erzengel Raziel wenden, damit Sie sich für Vergebung öffnen und die Vergangenheit loslassen können. Weil sie dazu neigen, so offen zu sein, sind Löwen auch oft sehr unverblümt und bringen die Dinge auf den Punkt. Viel weniger bekannt ist allerdings, dass der Löwe auch ein kleines Kätzchen in sich hat. Löwen neigen dazu, die Dinge sehr persönlich zu nehmen, und die Bemerkungen anderer Leute können Sie daher tief verletzen, selbst wenn sie das nicht zeigen. Missverständnisse und schlechte Kommunikation führen zu Beziehungsproblemen beim Löwen. Wenn Sie also viel Löwe in Ihrem Geburtshoroskop haben, dann bitten Sie Erzengel Raziel um Hilfe, wenn Sie sich beleidigt fühlen oder Ihr Stolz verletzt wurde.

Und fragen Sie lieber zwei Mal nach, was wirklich gemeint ist, wenn die Leute etwas sagen, was Ihnen sehr verletzend erscheint. Es könnte sein, dass Sie die andere

Person missverstanden haben, die nur versucht hatte, etwas Nettes zu sagen, was aber irgendwie komisch bei Ihnen ankam.

Raziel informiert die Menschen auch über esoterische Themen. Er ist der Erzengel, der uns dabei helfen kann, spirituelle Symbole, frühere Leben, Träume, heilige Geometrie und andere tiefgründige Themen zu verstehen. Vergleichen Sie das mal mit dem astrologischen Symbol der Sonne, die ja mit dem Löwen verbunden ist. Die Sonne leuchtet hell, wo immer sie auch ist. Denken Sie an die Tarotkarte »Die Sonne«, dann bekommen Sie einen Sinn dafür, wie Erzengel Raziel und Löwe zusammenarbeiten. Sie bringen Licht und Verständnis, wo vorher ein heilloses Durcheinander herrschte.

Löwen sagen den Menschen die ungeschönte Wahrheit. Sie sind geradeheraus und einfach zu verstehen. Sie haben vielleicht den Ruf, zuweilen etwas dreist zu sein, aber zumindest wissen Sie dadurch, woran Sie bei Ihnen sind.

Und sie stellen ihr Licht, ebenso wie Raziel, nicht unter den Scheffel!

Einige Leute finden die Eigenschaft des Löwen, immer nach Aufmerksamkeit zu suchen, etwas zu anstrengend. Aber genau wie unser Schöpfer sollen wir ja strahlen und leuchten! Das ist ein wichtiger Teil des Löwe/Raziel-Credos.

Erzengel Raziel ermutigt Sie, aus den Schatten zu treten und Ihren inneren Löwen rauszulassen. Wenn Sie beispielsweise etwas im aktuellen Weltgeschehen sehr beschäftigt, dann bitten Sie Erzengel Raziel darum, genügend Mut zu sammeln, um öffentlich über das Thema zu sprechen. Raziel wird dafür sorgen, dass Sie sich im Rampenlicht wohlfühlen werden, besonders wenn Sie über Spiritualität oder Heilung sprechen. Bitten Sie einfach um seine Unterstützung, und er wird für Sie da sein.

Wenn Sie weitere Informationen darüber möchten, wie Sie am besten mit Erzengel Raziel zusammenarbeiten können, bitten Sie ihn, Ihnen das in Ihren Träumen zu zeigen. Wie die helle Sonne den gesamten astrologischen Tierkreis erhellt, so wird auch Erzengel Raziel mit Ihnen während Ihres Schlafes arbeiten, um Ihnen dabei zu helfen, »das Licht zu sehen« – das Licht der spirituellen Wahrheiten, die Ihre Seele zu verstehen versucht.

Sonnenzeichen Löwe

Löwen sind berühmt dafür, sehr kluge, forsche und offenherzige Menschen zu sein. Wenn Sie als Löwe inkarniert haben, kann Sie vermutlich nicht viel einschüchtern. Es ist wirklich ein Segen, Ihre Sonne im Löwen zu haben, aber auch eine Form von Verantwortung. In vielerlei Hinsicht gehören Sie zu den Menschen, die andere anführen sollten. Die Sonne wurde einst als Mittelpunkt des Universums gesehen, aber obwohl wir es inzwischen besser wissen, ist sie immerhin noch der Himmelskörper, der das Zentrum unseres Sonnensystems bildet. Deswegen gehören Sie auch zu den Zeichen, an denen sich andere orientieren.

Sie sind die Person, nach der sich alle umdrehen und die aus der Menge hervorsticht. Sie sind der geborene

Star! Das passt wunderbar zum schönen Erzengel Raziel, dessen regenbogenfarbene Aura an einen Pfau erinnert, der stolz ein Rad schlägt, um sein prachtvolles Federkleid zu präsentieren. Wenn Sie allerdings einer von diesen Löwen sind, die das Rampenlicht scheuen, kann Ihnen Raziel dabei helfen, dieses Problem zu überwinden (falls das Ihr Wunsch ist), oder aber Sie lassen Ihre Arbeit selbst im Rampenlicht glänzen (z.B. durch eigene Produkte). Erzengel Raziel kann Ihnen dabei helfen, Ihre Unsicherheiten zu heilen, sodass Sie die Person werden können, die Sie sein sollten!

Erzengel Raziel kann Ihnen auch geheime, mysteriöse Informationen verschaffen. Wenn Sie mehr über uralte spirituelle Geheimnisse erfahren möchten, dann sprechen Sie mit Raziel und fragen ihn einfach danach! Er wird für Sie da sein!

Es kann auch sehr hilfreich sein, mit klaren Quarzkristallen zu arbeiten, da sie Raziels wunderschöner Regenbogenaura ähneln. Wenn Sie den Impuls dazu verspüren, dann stellen oder hängen sie Quarzkristalle dort auf, wo Sie sie häufig sehen, sodass Sie an Ihre Fähigkeit, mit der Geisterwelt zu arbeiten, erinnert werden. Außerdem werden Sie so an sonnigen Tagen mit schillernden Regenbogen belohnt werden.

Und wenn Sie zu den Löwen gehören, die ganz in ihrer Kraft stehen und sich nicht davor fürchten, gesehen zu werden, dann danken Sie Erzengel Raziel und genießen Sie Ihren Lebenstanz im Zentrum des Universums!

Mondzeichen Löwe

Diejenigen, die mit dem Mond im Löwen geboren sind, haben ein spürbares Bedürfnis danach, bewundert und angehimmelt zu werden. Wenn Sie mit solchen Leuten sprechen und ihnen davon erzählen, werden diese für gewöhnlich nur süßsauer lächeln und Ihnen zustimmen!

Die gute Nachricht für Menschen mit dem Mondzeichen Löwe: Ihr Publikum ist von Ihnen ganz verzaubert. Wenn Sie die vorangegangenen Abschnitte über den Löwen und Erzengel Raziel gelesen haben, dann wissen Sie bereits, dass Raziel eine wundervolle regenbogenfarbene Aura hat, mit der er überall für Aufsehen sorgt. Genau wie man Menschen mit viel Löwe in Ihrem Geburtshoroskop nicht übersehen kann, wenn sie einen Raum betreten, so würde auch Erzengel Raziel jederzeit aus einer Gruppe von Erzengeln hervorstechen! Wenn Sie Ihre Ausstrahlung noch weiter verstärken möchten (und Menschen mit dem Mond im Löwen werden das fast immer wollen), bitten Sie Erzengel Raziel, Ihnen dabei zu helfen.

Auf der anderen Seite ist Balance notwendig, damit Ihre Beziehungen gut laufen. Wenn Ihr Bedürfnis danach, erkannt zu werden, zu Problemen führt (beispielsweise zu Geltungssucht und erdrückender Dominanz in Beziehungen), dann bitten Sie Erzengel Raziel um Hilfe. Er ist besonders geschickt darin, Ihnen zu helfen, wenn Sie schlafen, und kann Sie in Klassenzimmer anderer Dimensionen führen, während Sie träumen. Wenn Sie aufwachen, kann es sein, dass Sie die Lehren von Erzengel

Raziel vielleicht nicht völlig verstehen oder auch nur erinnern, aber Sie können sich sicher sein, dass er Ihnen geholfen hat.

Einige der höher entwickelten Löwe-Mond-Menschen verstehen, dass ein Teil ihres Lebensauftrags auf dieser Erde damit zu tun hat, anderen dabei zu helfen, das Leben klarer zu sehen. Wenn Sie das Gefühl haben, dass das eine Ihrer Aufgaben ist, dann bitten Sie Erzengel Raziel darum, Sie zu führen, wenn Sie anderen helfen und sie heilen. Er kann Ihnen tiefes spirituelles Verständnis bieten, dass Sie wiederum an andere weitergeben können.

Und zu guter Letzt – falls Sie feststellen, dass Sie mit Ihrer »dunklen Seite« ringen (und wir haben alle eine, ganz egal, was unser Sonnen- oder Mondzeichen ist), dann bitten Sie Erzengel Raziel, Ihr Licht in die dunkelsten Nischen Ihrer Persönlichkeit leuchten zu lassen. Er kann Ihnen auch dabei helfen, sich nicht angegriffen zu fühlen, wenn Sie dazu neigen, alles gleich persönlich zu nehmen oder sich kritisiert zu fühlen, auch wenn es überhaupt nicht so gemeint war.

Merkur im Löwen

Wenn es eine Merkur-Konstellation gibt, die weiß, wie man eine große Rede schwingt, dann ist das Merkur im Löwen! Merkur bestimmt, wie wir denken und kommunizieren. Der Löwe ist das Zeichen des Superstars, der im Zentrum der Aufmerksamkeit steht. Und zusammen ergibt das eine Person, die als charismatischer Erzähler und Entertainer gilt, und manchmal leider auch als Besserwisser und Schlauberger.

Der Engel, der über Merkur im Löwen wacht, ist Raziel, der Erzengel mit der wunderbaren regenbogenfarbenen Aura. Genau wie Raziel erhalten Menschen mit Merkur im Löwen viel Aufmerksamkeit – suchen aber auch danach!

Wenn Sie wissen, dass Sie gerne mal allen die Show stehlen, dann wenden Sie sich an Erzengel Raziel. Die Engel wissen, dass es in Ordnung ist, sich ins beste Licht zu rücken, und Raziel möchte, dass Sie das auch wissen. Sollten Sie trotzdem das Gefühl haben, es wäre besser, einen Gang herunterzuschrauben und sich ein bisschen unauffälliger zu verhalten, dann wird Erzengel Raziel für Sie da sein. Diese Information kann außerdem sehr nützlich für Eltern sein, die Kinder haben, deren Merkur im Löwen steht. Wenn das auf Sie zutrifft und Ihr Kind ein kleiner Angeber ist und das Probleme mit sich bringt, so bitten Sie Erzengel Raziel um Hilfe.

Da Merkur im Löwen in so enger Verbindung zur Bühne und zum Film steht, sind Sie ein Naturtalent, wenn es darum geht, vor Publikum zu sprechen, zu singen, zu schauspielern, zu moderieren oder ähnliches. Und es ist außerdem sehr kreativ.

Wenn Sie sich erst noch mit dieser Seite von sich selbst anfreunden müssen und sich diesbezüglich mehr Selbstvertrauen wünschen, dann bitten Sie Erzengel Raziel um Hilfe. Und selbst wenn Sie nicht öffentlich auftreten möchten, dann kann Ihnen Merkur im Löwen trotzdem dabei helfen, im privaten Bereich so überzeugend und selbstbewusst zu sprechen, dass andere Ihnen gerne zuhören werden.

Erzengel Raziel ist auch ein Engel mit großen Heilkräften. Und ihn als Engel zu haben, der über Ihren Merkur wacht, bedeutet, dass Ihre Worte eine große Heilwirkung haben können. Zusätzlich versteht und lehrt er esoterische Weisheiten. Wenn er der Herrscher über Ihren Merkur ist, dann heißt das, dass Sie einen großartigen Zugang zu uralten Weisheiten haben. Suchen Sie danach und bitten Sie um Raziels Hilfe, wenn Sie diese auf Ihrem Weg brauchen sollten.

Venus im Löwen

Venus ist der Planet, bei dem es um Liebe, Wohlstand, Stil und Anmut geht. Wenn Sie Ihre Venus im Löwen haben, können Sie sich glücklich schätzen. Es bedeutet, dass Sie einen angeborenen Sinn für Mode haben. Wahrscheinlich setzen Sie sogar jeden Morgen beim Anziehen bereits ein Fashion-Statement! Oder aber Ihre Venus im Löwen äußert sich, wenn Sie sich kreativ betätigen.

Außerdem lieben Sie es, gut auszusehen. Und wenn es um die Liebe geht, dann wünschen Sie sich einen Partner, der ebenfalls sehr gut aussieht. Menschen mit Venus im Löwen neigen sehr dazu, sich Liebespartner auszusuchen, die von anderen bewundert werden. Bis zu einem gewissen Punkt ist das auch in Ordnung, aber es könnte zum Problem werden, wenn Sie zu viel Wert auf Stil und zu wenig auf den Inhalt legen – besonders bei Beziehungen. Schließlich ist es das Innere, was bei Partnern zählt.

Der Engel, der Ihre Venus überwacht, ist Erzengel Raziel. Er verströmt alle Farben des Regenbogens, also versteht er die Macht der Ästhetik. Doch wenn Sie das Gefühl haben sollten, dass Sie zu eitel sind und zu viel Geld für Ihre Garderobe ausgeben, oder aber Sie Ihr Einkommen erhöhen wollen, damit Sie es sich leisten können, mehr auszugeben, dann sprechen Sie mit Erzengel Raziel. Er wird Sie nicht dafür verurteilen, dass Sie so gut wie möglich aussehen wollen.

Ihre Venus im Löwen leitet Sie auch bei finanziellen Angelegenheiten an. Der Löwe ist ein sehr großzügiges Zeichen. Und theoretisch ist es umso besser, je mehr Geld Sie verdienen, denn Sie wissen als Mittelpunkt Ihres eigenen Universums, dass Sie nur das Beste verdienen.

Wenn Sie schwierige finanzielle Zeiten durchmachen und Hilfe brauchen, dann wenden Sie sich an Erzengel Raziel. Fragen Sie Erzengel Raziel auch, wenn Sie mit Ihrem Geld gern etwas riskieren möchten. Vielleicht möchten Sie ganz viele Lotto-Lose kaufen oder haben vor, Geld in eines dieser riskanten Geschäfte zu investieren, die schnelles Geld über Nacht versprechen. Wenn es um Geld geht, haben Sie zwar normalerweise immer Glück, aber übertreiben Sie es lieber nicht! Benutzen Sie Ihre Intuition, so wie das nur ein Mensch mit Venus im Löwen kann, um kluge und glamouröse Investitionen zu finden.

Venus im Löwen

Na, da haben wir aber jemand mit viel Selbstvertrauen, stimmt's? Mars ist der Planet der Antriebskraft und der

Entschlossenheit. Wenn Sie etwas wollen und sich dazu entscheiden, es auch zu bekommen, dann ist es Ihr Mars, der Ihnen den Antrieb dazu gibt. Und Sie haben diesen mächtigen und feurigen Planeten im mächtigen, feurigen Zeichen des Löwen. Diese Kombination schenkt Ihnen Unmengen von Selbstvertrauen. Menschen mit dem Mars im Löwen erscheinen überlebensgroß und sind temperamentvoll wie kaum ein anderer!

Der Löwe ist normalerweise kein sehr wütendes Zeichen, sondern besitzt eher noble Eigenschaften. Es ist nicht sehr kultiviert, wenn man seine Fassung verliert, und Menschen mit viel Löwen-Energie in ihrem Geburtshoroskop wissen das auch. Doch Mars ist aggressiv und barsch und nur da-ran interessiert, was er will.

Mit Mars im Löwen könnte es Zeiten geben, in denen Sie diese Idee mit der Kultiviertheit vergessen und eher zur Selbstsucht neigen. Nun könnten Sie sagen, dass das eine wundervolle Sache ist und es Ihnen gar nicht darum geht, rücksichtslos zu sein – Sie stellen einfach nur klar, was Sie wollen!

Aber wenn Sie ständig Ihre Ellbogen benutzen, um Ihre Mission im Leben zu verfolgen, dann werden Sie tief in Ihrer Seele spüren, dass diese Art der Manifestation nicht gerade höhere Schwingungen erzeugt. Der Engel, an den man sich wenden sollte, ist Raziel. Bitten Sie ihn, mit seinen leuchtenden, schönen Strahlen Licht in Ihr Leben zu bringen, damit Sie den Weg des Erfolgs würdevoll beschreiten können.

Mit dem feurigen Mars im theatralischen Löwen haben Sie himmlische Unterstützung, wenn Sie Menschen unterhalten, auftreten oder auf andere Art ein Star, in dem was Sie machen, werden möchten, ganz egal, was es auch ist.

Menschen mit Mars im Löwen sind außerdem sehr kreativ, und zwar in jeder Hinsicht. Sprechen Sie mit Erzengel Raziel und bitten Sie um Führung auf Ihrem Weg.

Zu guter Letzt ist Mars ja auch der Planet der sexuellen Intimität. Mars im Löwen bedeutet – ganz ähnlich wie Venus im Löwen – dass Sie sich Partner wünschen, die Sie gut aussehen lassen und durch die Sie sich als etwas Besonderes fühlen, wenn sie an Ihrer Seite sind. Sie suchen auch jemanden, der Ihr inneres Kind hervorbringt. Wenn Ihr Intimleben in der Krise steckt, dann sprechen Sie mit Erzengel Raziel. Er ist da, um Ihnen zu helfen ... bei allem.

Aszendent Löwe

Ein Löwe-Aszendent ist ein großer Segen, solange Sie damit umgehen können, eine sehr auffällige Person mit großem Erinnerungswert zu sein! Mit einem Löwe-Aszendenten haben Sie eine Energie, die nach Aufmerksamkeit verlangt. Erzengel Raziel besitzt dank seiner regenbogenfarbenen Aura ein ähnlich intensives Leuchten. Es ist für Sie sehr schwer, unbemerkt zu bleiben, so viel steht fest. Die Frage ist also: Was werden Sie mit all dieser Aufmerksamkeit anstellen?

Es wird Ihnen nichts bringen, wenn Sie einfach nur beachtet werden, ohne dass es irgendeinen Grund dafür gibt. Sie brauchen eine klare Mission, die von all der

Aufmerksamkeit, die Ihnen zufliegt, auch profitiert. Genau dabei kann Ihnen Erzengel Raziel helfen. Er ist ein wahrer Zauberer, der in geheime Informationen und Mysterien eingeweiht ist. Bitten Sie Raziel, Ihnen zu helfen, sich für eine Sache zu entscheiden, für die Sie sich auch wirklich leidenschaftlich engagieren können (Kindern helfen, Frauen, Tieren, der Umwelt und so weiter) und Ihnen dann alles beizubringen, was Sie über dieses Thema wissen müssen. Auf diese Weise werden Sie zu einer Quelle der Weisheit für diejenigen, die begierig sind, Ihnen zuzuhören.

Das Beste an Ihrem Löwe-Aszendenten: Er verleiht Ihnen majestätische Würde, Mut und Integrität. Sie werden von anderen als großzügig und sehr attraktiv wahrgenommen. Aber dieses wundervolle äußere Erscheinungsbild überdeckt vielleicht nur tieferliegende Unsicherheiten, die Heilung brauchen. Denken Sie daran, dass Löwe das Zeichen der Schauspielkunst ist und der Aszendent die Maske, die Sie tragen. Erzengel Raziel ist äußerst gut darin, Neurosen zu heilen, wie beispielsweise eine übermäßig selbstbewusste Fassade. Bitten Sie Erzengel Raziel, Ihnen bei Problemen rund um Ihr Selbstwertgefühl zu helfen – sowie mit vergangenen Leben, durch die Sie heute noch beeinträchtigt werden.

Sie wirken warmherzig und versprühen ein edelmütiges Flair, das auf andere sehr heilsam wirken kann. Bitten Sie also Erzengel Raziel, Ihnen positive Ideen zu schenken, damit Sie diese mit anderen teilen können.

* * *

Sie können sich wegen jedem der folgenden Dinge an Erzengel Metatron wenden, ganz egal, was Sie für ein Sternzeichen haben:

1. Wenn Sie das Gefühl haben, dass Ihre Aura und Ihre Chakren geklärt werden sollten

2. Wenn Sie ein Wunder brauchen, um pünktlich anzukommen

3. Wenn Sie mehr über die spirituelle Seite des Lebens erfahren möchten

4. Um mehr Motivation für Work-outs zu bekommen

5. Wenn Sie das Gefühl haben, dass Sie nicht genug »in Ihrem Körper« sind und etwas Erdung brauchen

6. Wenn Sie zu viel denken und nicht genug fühlen

7. Um Motivation für ein Detox-Programm zu bekommen oder entgiftet zu bleiben

8. Wenn Sie eine Situation analysieren wollen

9. Für diese Tage, an denen Sie sich selbst zu kritisch sehen

10. Um Ihr Zuhause von alten, festsitzenden Energien zu reinigen

11. Wenn Sie sich dazu angeleitet fühlen, gesünder zu essen, es jedoch nicht tun

12. Wenn Sie Ihren eigenen Selbstwert anzweifeln

13. Wenn Sie jemandem etwas beibringen sollen

14. Wenn Sie sich um zu viele Dinge gleichzeitig kümmern müssen

15. Für Remote Viewing (das heißt, um Informationen mithilfe außersinnlicher Wahrnehmung zu bekommen)

16. Wenn Sie versuchen, eine natürliche Medizin oder einen Heilpraktiker für ein gesundheitliches Problem zu finden

17. Um sich von Blockaden zu befreien, die Sie am Manifestieren hindern

18. Wenn Sie Angst haben, eine wichtige Deadline nicht zu schaffen

19. Wenn Sie etwas tun, dass viel Aufmerksamkeit für Details erfordert

20. Wenn Sie gesünder leben wollen

KAPITEL 6

Jungfrau und Erzengel Metatron

24. August – 23. September

Erzengel Metatron benutzt ein Energiewerkzeug, das aus allen platonischen Körpern besteht, die sogenannte Merkaba (oder »Metatrons Würfel«), um damit niedere Energien zu klären und zu heilen. Aus diesem Grund arbeitet er so perfekt mit der Jungfrau zusammen – dem Zeichen, das so stark mit Heilung (konventionell oder alternativ) in Verbindung gebracht wird, sowie mit dem Dienst am Nächsten. Wo immer Sie in Ihrem Geburtshoroskop Jungfrau haben, dort ist der Bereich, wo Sie anderen helfen können.

Wie Sie beim Lesen dieses Buches erfahren haben, hat jedes Zeichen seine Stärken und Schwächen. Beide Seiten geben Hinweise auf Ihren Lebensauftrag. Ihre Stärken sollten dazu benutzt werden, anderen zu helfen, und Ihre Schattenseite ist etwas, woran Sie für Ihre eigene Heilung arbeiten können.

Lassen Sie uns zuerst die Schattenseite der Jungfrau betrachten. Diejenigen mit Jungfrau als Sonnenzeichen,

Erzengel Metatrons Würfel (Merkaba)

Mondzeichen oder Aszendent haben den Ruf, sehr pingelig und negativ zu sein. Jungfrauen sind einfach sehr gut darin, Probleme zu erkennen, und sie weigern sich zudem, diese zu ignorieren. Die gute Nachricht für Sie, wenn Sie Jungfrau in Ihrem Horoskop haben: Erzengel Metatron arbeitet mit dieser Energie und verwandelt sie in etwas Positives.

Wenn Sie Jungfrau als Sonnenzeichen, als Mondzeichen oder als Aszendent haben, so bedeutet das, dass Sie sehr geschickt im Diagnostizieren, Verordnen und Beraten sind. Wenn sich beispielsweise jemand nicht gut fühlt, dann gibt die Jungfrau gerne Tipps in Sachen Ernährung und Lebensführung. Jungfrauen wissen einfach, was gut für andere ist, genau wie ihr Erzengel Metatron.

Wenn unsere Energie aus der Balance geraten ist, dreht Erzengel Metatron seinen wunderbaren Würfel um unsere Körper, um ungewollte Energie zu klären und unsere Gesundheit wiederherzustellen. Jungfrauen lieben es, wenn alles sauber, ordentlich und zentriert ist. Und genau dafür sorgt die Energie von Metatrons Würfel. Eine perfekte Ergänzung also!

Erzengel Metatron ist einer der beiden einzigen Erzengel, die früher einmal menschliche Propheten waren – zusammen mit Sandalphon, dem Erzengel der Fische. Erzengel Metatron war Henoch, der Autor des äthiopischen Henochbuchs. Bekannt als »Schriftgelehrter Gottes« ist er außerdem ein Lehrer esoterischen Wissens. Er ist der erste Engel auf dem Baum des Lebens in der Kabbala. Zu seinen Aufgaben gehört es, Neulinge auf dem spirituellen Weg zu unterstützen. Aus diesem Grund hilft er auch Kindern, sich ihre spirituellen Gaben zu bewahren.

Und wiederum ist diese Energie wunderbar auf die Energie der Jungfrau abgestimmt. Die Jungfrau ist ein Erdzeichen, bei dem es vor allem um Praktisches geht. Doch der Planet, der über dieses Zeichen herrscht, ist der flinke Merkur, auch bekannt als »Bote Gottes« und Schriftgelehrter des Himmels. Beim Merkur dreht sich also alles um Lesen, Schreiben, Kommunikation und Selbstausdruck.

Wenn Sie versuchen, irgendetwas zu begreifen – besonders höhere spirituelle Konzepte – dann können Merkur und Erzengel Metatron Ihnen helfen, selbst die Mysterien des Kosmos besser zu verstehen.

Ganz egal, was Ihr Zeichen ist, Sie sollten sich an Erzengel Metatron wenden, wenn Sie Schwierigkeiten haben, uralte esoterische Weisheiten zu verstehen. Wenn Sie noch neu auf dem spirituellen Weg sind und nach Führung suchen, dann bitten Sie Erzengel Metatron um Hilfe. Auf dieselbe hingebungsvolle Art, auf die die Jungfrau sich der Hilfe anderer widmet, verhilft auch Erzengel Metatron zu einem tiefen Verständnis der Mysterien des Lebens.

Menschen mit Jungfrau als Sonnenzeichen, Mondzeichen oder Aszendent neigen dazu, sehr intellektuell zu sein. Obwohl die Jungfrau ein sehr realistisches Zeichen ist, wird sie dennoch vom intellektuellen Planeten Merkur beherrscht. Das bedeutet, dass Jungfrauen eher in ihren Köpfen als in ihren Herzen leben. Sie sind Denker und keine »Fühler«.

Aus diesem Grund ist es ideal, mit den Energien von Erzengel Metatron zu arbeiten. Zur Reise auf dem spirituellen Weg gehört es, seinen eigenen Gefühlen zuzuhören und ihnen zu vertrauen. Jungfrauen, die Zugang zu ihren Emotionen bekommen, sind sehr mächtig. Sie kombinieren ihre Fähigkeiten, die Dinge zu analysieren und verstandesmäßig zu betrachten, mit der Weisheit des Herzens. Was für eine unschlagbare Kombination aus Gedanken und Gefühlen!

Jungfrauen sind oft sehr bescheiden und sanftmütig,

aber wenn sie sich erst einmal mit ihren spirituellen und emotionalen Seiten angefreundet haben, können sie sehr hell erstrahlen. Je länger sie den spirituellen Weg beschreiten, desto mehr erkennen sie, dass Bescheidenheit mit Selbstvertrauen ausbalanciert werden kann. Sollten Sie mit diesem Konzept Schwierigkeiten haben, so bitten Sie Erzengel Metatron um Führung.

Erzengel Metatron ist auch bekannt dafür, Kindern mit übersinnlichen Fähigkeiten zu helfen sowie Menschen, die gerade erst beginnen, sich mit Spiritualität zu befassen. Auch Jungfrauen gehören zu den besten Lehrern, die es gibt, da sie sehr realistisch, weise und geduldig sind. Wo auch immer Sie Jungfrau in Ihrem Horoskop haben, dort können Sie anderen helfen und sie unterrichten.

Jungfrauen sind sehr kritisch und skeptisch mit sich selbst und anderen. Sie sind durch ihren extremen Hang zum Perfektionismus auch ständig besorgt. Es kann wirklich helfen, mit Erzengel Metatron zu sprechen, wenn Sie sich besorgt, überkritisch oder skeptisch fühlen. Weil er verborgene Weisheiten vermittelt, kann er Ihnen helfen, endlich einzusehen, dass durch Sorgen und Kritik nicht die Ergebnisse erzielt werden können, die Sie sich wünschen. Metatron wird Sie dazu anleiten, effektiver beim Verbessern und Korrigieren verschiedener Situationen zu sein.

Viele Jungfrauen haben Schwierigkeiten, ihr Leben in dieser dreidimensionalen Welt zu regeln. Jeder und alles macht sie verrückt und zehrt an ihren überempfindsamen Nerven! Glücklicherweise ist Erzengel Metatron äußerst geschickt beim Umgehen der Naturgesetze des Universums (er kann beispielsweise die Zeit verbiegen), daher ist er der perfekte Engel, an den Sie sich wenden sollten, wenn Sie sich überfordert fühlen. Jungfrauen wollen immer allen helfen und müssen diesbezüglich eine Balance finden und lernen, Grenzen zu setzen. Bitten Sie Erzengel Metatron um Hilfe, wenn Sie merken, dass Sie sich zu viele Verpflichtungen aufhalsen und zu oft ja sagen, wenn man Sie um einen Gefallen bittet.

Sonnenzeichen Jungfrau

Wenn Sie etwas zu erledigen haben, bitten Sie eine Jungfrau um Hilfe. Dieses Zeichen nimmt alles genau unter die Lupe und analysiert alles und jeden. Nichts ist zu aufwendig für die Jungfrau. Das einzige Problem bei Jungfrauen ist, dass sie sich zu viel Verantwortung aufladen. Dann klagen sie über ihren vollgepackten Terminkalender und beschweren sich über die Leute, die ihre breiten Jungfrauenschultern mit so vielen Verpflichtungen beladen haben. Dabei vergessen sie, dass sie es waren, die ihre Hilfe als erste angeboten haben!

Erzengel Metatron ist eine großartige Hilfe für gestresste Jungfrauen. Wie bereits erwähnt, besitzt Metatron die unglaubliche Fähigkeit, mit den Gesetzen der Zeit zu arbeiten. Wenn Sie also mehr Zeit benötigen, um all Ihre Aufgaben und Pflichten zu schaffen, dann sollten Sie mit diesem Erzengel sprechen, und er wird Ihnen gerne behilflich sein.

Wenn Sie eine Jungfrau sind, dann lernen Sie die esoterischen Geheimnisse des Universums von Metatron. Viele Jungfrauen verfügen schon intuitiv über derlei Informationen. Manche haben beispielsweise Kenntnisse (ohne jegliche Ausbildung) über alternatives Heilen – wie die Arbeit mit Kräutern anstatt mit toxischen Drogen. Andere Jungfrauen haben die Gabe der Energieheilung, die sie bei sich selbst, ihren Lieben und bei Klienten anwenden. Einer der wunderbarsten Aspekte der Jungfrau ist die Fähigkeit und Bereitwilligkeit, anderen zu helfen. Wenn Sie Jungfrau sind und gerne anderen helfen oder sie heilen würden, dann denken Sie daran, dass Erzengel Metatron Ihre Arbeit als Heiler unterstützt. Er ist der Engel, der berühmt dafür ist, dass er den Menschen Weisheiten von Gott zuträgt.

Menschen, die mit der Sonne in der Jungfrau geboren wurden, sind zudem exzellente Schriftsteller, Buchhalter, Lehrer, Assistenten und Forscher. Bei allen diesen Tätigkeiten sollten Sie Erzengel Metatron anrufen, der Sie mit Motivation und dem Zeitmanagement unterstützen wird. Als »Schriftgelehrter Gottes« ist er für alle da, die Hilfe beim Schreiben brauchen, bei Fakten und Zahlen oder beim Unterrichten.

Mondzeichen Jungfrau

Es ist wundervoll, den Mond in der Jungfrau zu haben, denn die Beständigkeit der Jungfrau sorgt für eine stabile, ausgeglichene Stimmung, während die Sanftheit der Mondenergie das Spröde der Jungfrau mildert. Men schen mit dem Mond in der Jungfrau wünschen sich ein systematisches Leben mit viel Routine. Sie lieben es, wenn alles zuverlässig funktioniert und vorhersehbar ist.

Menschen mit einem Jungfrau-Mond sind außerdem sehr gewissenhaft und erwarten das auch von anderen. Aber manchmal übertreiben sie es auch mit ihrem Wunsch nach Einheitlichkeit. Sie geraten in Panik, wenn die Dinge nicht an ihrem Ort sind oder verschwinden. Und wenn jemand eine Deadline nicht einhält, drehen sie völlig durch. Wenn Ihr Mond in der Jungfrau steht und Sie zum Perfektionismus neigen, dann versuchen Sie mehr Mitgefühl für andere zu entwickeln.

Hier kann Erzengel Metatron helfen. Da er mit der Zeit arbeitet und weiß, dass sie formbar ist, können Sie ihn bitten, diese auszudehnen, sodass sich alle etwas wohler fühlen. Und bitten Sie ihn auch darum, Ihnen zu helfen, geduldig mit sich selbst, anderen und dem Prozess des Lebens zu sein.

Wenn Ihr Mond in der Jungfrau steht und Sie Probleme damit haben, andere so zu akzeptieren, wie sie sind, dann wenden Sie sich an Erzengel Metatron, damit er Ihnen in diesem Bereich helfen kann. Wenn man sich auf dem spirituellen Weg befindet, erkennt man sowieso, dass niemand perfekt ist, nicht einmal perfektionistische Jungfrauen oder Menschen mit dem Mond in der Jungfrau! Wenn Sie perfekt wären, dann wären Sie ja überhaupt nicht in dieser Erdenschule!

Erzengel Metatron wird Ihren Geist für esoterische Ideen öffnen, die es Ihnen erlauben, andere Leute und ihre Eigenarten zu akzeptieren. Wenn Sie in einer unaus-

gewogenen Beziehung sind, die Ihnen unverhältnismä-
ßig viel Zeit und Energie abzieht, da Sie ständig nur geben (typisch für Jungfrau-Monde), dann bitten Sie
Metatron darum, seinen heilenden Würfel um Sie zu
drehen. Genau wie eine Jungfrau wird Erzengel Metatron zur Stelle sein, um zu helfen!

Merkur in der Jungfrau

Hier haben wir es mit dem klassischen Superhirn zu tun.
Zumindest können Sie den Eindruck erwecken! Natürlich kann Ihr Geburtshoroskop Ihren IQ weder erhöhen
noch mindern. Doch es kann Ihnen Potenzial schenken.
Und mit Merkur in der Jungfrau haben Sie eine Menge
davon.

Merkur ist der Planet, der bestimmt, wie wir schreiben, denken, sprechen … eben kommunizieren. Jungfrau
ist das Zeichen, das als bescheiden, schlicht und zurückhaltend gilt. In vielerlei Hinsicht ist Jungfrau das Alltags-
sternzeichen. Menschen mit viel Jungfrau in Ihrem Horoskop können zwar so flippig wie jeder andere auch sein,
doch hinter dieser Peppigkeit verbirgt sich ein Mensch,
der die Dinge gern ordentlich erledigt, sich durch seine
To-do-Listen arbeitet und zusätzlich noch schaut, was er
für andere tun kann. Und ganz egal, was Ihr tatsächliches
Sternzeichen ist – wenn Ihr Merkur in der Jungfrau ist,
denken Sie so praktisch wie eine Jungfrau.

Es gibt eine ganze Liste positiver Dinge, die mit dieser Konstellation assoziiert werden: Sie denken klar; in
jeder Unterhaltung oder Situation sind Sie in der Lage,

die Spreu vom Weizen zu trennen; Sie sind sehr gut im Analysieren und Sie sind weniger als andere dafür anfällig, dass Ihr Ego die Oberhand gewinnt.

Für all das und vieles mehr – einschließlich Ihrem Leseverständnis und Ihren schriftlichen Fähigkeiten – können Sie Ihrem Merkur in der Jungfrau danken. Aber Jungfrauen haben auch die Tendenz, sich zwanghaft selbst zu überprüfen und zu kritisieren. Zudem machen sie sich ständig Sorgen, dass sie nicht gut genug wären. Jungfrauen neigen außerdem dazu, Situationen so klar zu sehen, dass sie oft sehr kritisch und sogar pedantisch reagieren.

Der Engel, der über Ihren Merkur in der Jungfrau wacht, ist Metatron. Wenn Sie zu kritisch gegenüber sich selbst oder anderen sind, dann ist er der himmlische Helfer, an den Sie sich wenden sollten. Erzengel Metatron wird Ihnen auch dabei helfen, Esoterisches besser zu verstehen, wenn Sie ihn fragen. Mit dieser Astro-Kombination haben Sie einen echten Treffer gelandet.

Venus in der Jungfrau

Venus ist der Planet der Liebe, und die Jungfrau ist das Zeichen der Bescheidenheit. Feuerwerk, Herzen und Blumen – diese Art der Romantik ist nicht Ihr Ding. Sie erlauben der Liebe eher langsam zu wachsen, während Sie analysieren, ob dieser Mensch die richtige Wahl für Sie ist.

Es ist ja nicht so, dass Sie pingelig sind (nun, vielleicht ein bisschen). Es ist eher so, dass Sie wissen, dass der Erfolg oder das Scheitern Ihres Liebeslebens sehr davon abhängt, für wen Sie sich entscheiden. Wenn jeder so praktisch wie Sie denken würde, wenn es um die Liebe geht, dann gäbe es viel weniger gebrochene Herzen!

Menschen mit Venus in der Jungfrau lieben es, andere zu unterstützen, ihnen Hühnersuppe zu machen, wenn sie krank sind und dauerhafte Beziehungen aufzubauen, die auf gegenseitigem Vertrauen und Verständnis basieren.

Ihre Venus in der Jungfrau bedeutet, dass Sie sich um das emotionale und körperliche Wohl Ihres Partners kümmern, so gut Sie nur können.

Ihnen ist es wichtig, dass es jedem gut geht. Aber passen Sie auf, dass Sie durch Ihren Wunsch, allen Menschen, die Sie lieben, zu helfen, nicht selbst zu kurz kommen – es gibt sehr viele Menschen mit der Venus in der Jungfrau, die völlig erschöpft sind, weil sie sich ständig den Bedürfnissen ihrer Partner, Ex-Partner, Kinder, Eltern, Geschwister oder Nachbarn widmen.

Wenn es in Ihrem Liebesleben trübe aussieht, dann sprechen Sie mit dem Engel, der über Ihre Venus wacht, Metatron. Er wird Ihnen zeigen, wie viel Schönheit sich in Ihnen verbirgt. Lieben Sie sich selbst und andere werden folgen! Und versuchen Sie, sich nicht in Leute zu verlieben, die Sie ständig nur kritisieren! Und seien Sie selbst auch nicht so streng mit sich, wenn die Liebe Sie dazu bringt, verrückte Dinge zu tun – die Liebe ist mindestens so gesund für Sie wie Kleieflocken, und Sie verdienen Romantik genau wie jeder andere auch!

Wenn es um finanzielle Angelegenheiten geht, bedeutet Venus in der Jungfrau, dass Sie nur selten zu viel Geld ausgeben werden. Bedenken Sie trotzdem, dass es den Fluss des Wohlstands blockiert, wenn Sie sich selbst gegenüber immer geizig sind. Bitten Sie Erzengel Metatron um finanzielle Führung, falls Sie diese brauchen.

Mars in der Jungfrau

Mars ist der Planet der sexuellen Intimität, und die Jungfrau ist das Zeichen – nun der keuschen Jungfrau eben. Was passiert also, wenn sich diese beiden zusammentun? Kommt dabei jemand heraus, der niemals die Möglichkeit bekommt, seine sinnliche Seite auszuleben? Nein!

Die Jungfrau ist vielleicht in der Öffentlichkeit sehr keusch und zurückhaltend, aber hinter geschlossenen Türen kann eine Person mit Mars in der Jungfrau genauso sexy sein wie jede andere – wenn nicht sogar mehr! Es gibt sogar diesen Insider-Witz unter Astrologen, dass die Jungfrau-Energie die frivolste und sexuell experimentierfreudigste überhaupt ist. Jungfrau-Typen (und Sie gehören dazu, wenn Sie Planeten in der Jungfrau haben) wirken vielleicht sittsam und bescheiden. Aber wenn es um Intimität geht, können Sie sich gehen lassen wie kein anderer! Denken Sie daran, die Jungfrau liebt es, die Menschen zufrieden und glücklich zu machen, deshalb bringt diese Konstellation sehr aufmerksame Liebhaber hervor. Außerdem bedeutet diese Planetenanordnung, dass Sie sich selbst gegenüber sehr treu sind, und das ist eine wunderbare Sache. Eine der tollsten Sachen bei Mars in Jungfrau: Obwohl Sie Leute mit Ihrem Bedürfnis, die Details jeder Situation zu analysieren, zur Weißglut treiben können, haben Sie glücklicherweise kein hitziges Temperament, das mit Ihnen durchgehen kann. Und auf diese Weise sind Sie wie eine frische Brise für die Menschen. Mit Mars in der Jungfrau haben Sie auch ein großes Bedürfnis, anderen Menschen zu helfen und selbstständig zu sein. Es ist einfach wundervoll, in Ihrer Nähe zu weilen!

Mars ist außerdem der Planet, der Ihnen dabei hilft, Dinge zu erledigen. Und Ihr Mars in der Jungfrau ist sehr praktisch. Sprechen Sie mit Erzengel Metatron, wenn Sie wieder einmal hundert Dinge auf einmal erledigen wollen. Sie sind sehr zielorientiert und organisiert, sodass Sie sowieso mehr Sachen vor dem Frühstück geregelt bekommen als die meisten von uns am ganzen Tag!

Aszendent Jungfrau

Viele Menschen mit Aszendent Jungfrau arbeiten als Heiler. Die Jungfrau ist eins der Zeichen, die am besten geerdet sind, was Klienten während des Heilungsprozesses wohltuend beruhigt. Zusätzlich haben Jungfrauen ja einen intuitiven Zugang zu esoterischen Heilinformationen. Jemand mit einem Jungfrau-Aszendenten kann durch den Wald laufen und genau die Pflanzen und Beeren finden, die essbar sind oder aus ein paar Zweigen ein Hausmittelchen gegen alle möglichen Beschwerden zusammenbrauen – und all das ohne vorherige Studien oder eine spezielle Ausbildung.

Das passt gut zum wunderbaren Erzengel Metatron, dem Hüter uralter Weisheit. So viel von dem, was wir einst über die natürlichen Heilkräfte auf dieser Erde wussten, ist verlorengegangen. Jungfrauen können dieses Wissen wieder hervorbringen, ebenso wie Metatron den Menschen dabei hilft, esoterische Informationen zu verstehen, einschließlich der Arbeit mit Energie.

Menschen mit Aszendent Jungfrau sind wahre Detail-Experten und werden schnell nervös, wenn etwas nicht wie vorhergesehen klappt. Wenn das ganz nach Ihnen klingt, dann bitten Sie Erzengel Metatron, Ihnen dabei zu helfen, sich ein wenig zu entspannen. Erinnern Sie sich, das ist ein Erzengel, der früher auch mal ein Mensch war, und als solcher versteht er viele der Herausforderungen, die ein Erdenleben so mit sich bringt. Außerdem kann Metatron die Zeit ausdehnen, sodass Sie noch genügend Zeit haben, um sich zu entspannen und Dinge zu tun, die Ihnen Freude bereiten.

Menschen mit Aszendent Jungfrau sind exzellente Lehrer, da sie mit Merkur zusammenarbeiten, dem Planet des Geistes. Sie können hochgeistige Ideen leicht verständlich erklären. Und genau wie Erzengel Metatron kann auch jemand mit einem Jungfrau-Aszendenten sehr gut mit Kindern arbeiten.

Erzengel Metatrons Energie ist sehr fokussiert, genauso wie die Energie von jemand mit Aszendent Jungfrau. Solche Individuen haben einen laserscharfen Verstand. Zusammen ergibt das eine mehr als formidable Macht, mit der man rechnen muss!

* * *

**Sie können sich wegen jedem der folgenden Dinge
an Erzengel Jophiel wenden, ganz egal, was Sie für ein
Sternzeichen haben:**

1. Bei Liebesangelegenheiten

2. Um Ihr Selbstvertrauen zu verbessern, hinsichtlich Ihres
   äußeren Erscheinungsbildes

3. Um den Fluss von Wohlstand und Fülle wieder zum Fließen
   zu bringen

4. Wenn Ihnen etwas oder jemand das Herz bricht

5. Wenn Sie jemanden getroffen haben, den Sie besser
   kennenlernen wollen

6. Wenn Sie Ihr Zuhause neu dekorieren wollen

7. Wenn Sie sich alt und verhärmt fühlen

8. Wenn Sie vorhaben, eine große Summe in einen Luxusgegenstand zu investieren

9. Wenn Sie ein Künstler sind, der an einem großen Projekt arbeitet

10. Wenn Ihre Life-Work-Balance aus dem Gleichgewicht geraten ist

11. Wenn Sie Ihre Gedanken verschönern möchten

12. Wenn Sie sich mit Ihren Lieben streiten

13. Um Ihr Leben bunter und interessanter zu gestalten

14. Wenn Sie eine große Verhandlung vor sich haben, finanzieller oder anderer Natur

15. Wenn Sie wissen, dass Sie bei einer bestimmten Sache sehr diplomatisch sein müssen

16. Wenn man Sie gebeten hat, einen Streit zu schlichten

17. Um Altes loszulassen

18. Wenn Sie Ihr Leben entrümpeln wollen oder nach guten Feng-Shui-Tipps suchen

19. Um Motivation zu bekommen, Ihr Zuhause aufzuräumen und zu putzen

20. Wenn Sie Ihre innere Göttin befreien wollen

KAPITEL 7

Waage und Erzengel Jophiel

24. September – 23. Oktober

Erzengel Jophiel ist der »Engel der Schönheit«. Sie ist also die perfekte Partie für das Sternbild Waage – das Zeichen, über das die Venus wacht, der Planet der Liebe und Schönheit. Wo auch immer Sie Waage in Ihrem Horoskop haben, dort wissen Sie Schönheit zu schätzen, können schöne Gedanken hegen und Ihr Leben allgemein verschönern.

Venus wurde in der Antike durch die Liebesgöttin Aphrodite personifiziert. Die Waage liebt die Schönheit. Darum ist sie natürlich mit dem Engel verbunden, der alles verschönert, womit er in Berührung kommt.

Sowohl der Erzengel Jophiel als auch das Sternzeichen der Waage haben das Bedürfnis nach Harmonie und Balance. Jophiel hilft uns dabei, unsere Gedanken wieder ins Gleichgewicht zu bringen, sowie auch unsere Lebensumstände und unser Arbeitsumfeld. Ich (Doreen) nenne Jophiel den »Feng-Shui-Engel«, weil dieser Erzengel von allem befreit, was hässlich oder ungewollt ist, einschließlich von negativen Gedanken und Energien. Jophiel erinnert uns daran, dass schöne Gedanken schöne Erlebnisse anziehen und dass negative Gedanken negative Erlebnisse anziehen.

Wenn in Ihren Gedanken ein Mangel an Schönheit herrscht, dann wird es auch in Ihrem Leben an Schönheit fehlen – die Verbindung ist ganz klar!

Wenn wir in eine negative Gedankenspirale hineingeraten, dann ziehen wir Chaos und Probleme an. Oft geht es nur darum, unsere Gedanken zu »korrigieren«, sodass wir jemanden oder etwas aus einer anderen Perspektive heraus betrachten zu können. Wenn wir Erzengel Jophiel um Hilfe bitten, dann gleicht sie unsere Gedanken aus und verschönert sie, um unseren Blickwinkel auf das Leben zu verbessern. Je mehr wir Schönheit wertschätzen, umso mehr davon ziehen wir an.

Das schönheitsliebende Zeichen der Waage repräsentiert die Balance in unserem Leben. Wie Sie sicher wissen, wird die Waage im Tierkreis meist mit zwei Waagschalen abgebildet. Wann immer etwas unsymmetrisch oder hässlich ist, bringt es die Waage wieder ins Gleichgewicht. Waagen sind auch als das Zeichen mit dem größten diplomatischen Geschick bekannt, da ihre wunderbare Art zu kommunizieren, dabei hilft, Differenzen beizulegen.

Wenn Sie also eine Meinungsverschiedenheit oder ein Missverständnis aus der Welt schaffen wollen, dann bitten Sie Erzengel Jophiel, für Sie zu intervenieren. Sehr bald schon werden Sie eine gemeinsame Ebene finden!

Waagen sind exzellente Vermittler, die gute Preise und Verträge aushandeln können – und zwar mit Vorteilen für alle Beteiligten. Wo auch immer Sie in Ihrem Horoskop Waage haben, dort verfügen Sie über ausgezeichnetes Verhandlungsgeschick. Alle Zeichen haben jedoch denselben Zugang zu Erzengel Jophiel, um mehr Balance und Schönheit ins Leben zu bringen.

Erzengel Jophiel kann Ihnen auch dabei helfen, sich selbst zu verschönern. Ganz egal, was Sie für ein Sternzeichen sind – wenn Sie Gewicht verlieren oder Ihr Erscheinungsbild ändern wollen, dann sprechen Sie mit Erzengel Jophiel. Es ist kein Anzeichen für Oberflächlichkeit, wenn Sie Ihr Fitness-Level, Ihre Gesundheit oder Ihre äußere Erscheinung verbessern möchten. Fitness kann Ihre Gesundheit enorm steigern, und Studien zeigen, dass Ihre Erscheinung einen großen Einfluss auf Ihr Einkommen, bei Beförderungen und in Beziehungen hat. Erzengel Jophiel wird Ihnen gern in diesen Bereichen helfen, wenn Sie sie darum bitten. Aber sie wird Ihnen besonders dabei helfen, dass Ihre innere Schönheit verstärkt zum Vorschein kommt, indem sie Sie zum Lächeln bringt, sodass Sie Freude ausstrahlen und schöne Gedanken und Gefühle von Ihnen ausgehen.

Jophiel wird Sie dazu anleiten, wieder mehr Balance hinsichtlich Ihrer Ess- und Trinkgewohnheiten zu bekommen, und somit wird sich auch Ihr Gewicht harmonisieren. Denken Sie an Leute, die übergewichtig wurden, weil ihr Leben aus den Fugen geriet. Der Teil Ihres Horoskops, in dem die Waage regiert, ist der Teil, in dem Sie sich am leichtesten wieder ausbalancieren können. Aber wir alle haben die Fähigkeit, in *jeden* Bereich unseres Lebens Balance zu bringen. Wohin Erzengel Jophiel auch geht, folgen ihr Schönheit und Balance. Sie müssen sie einfach nur um Hilfe bitten. Und da sie immer ja sagt, werden die richtigen Lösungen bald auftauchen.

Waagen mögen es, Ihr Zuhause und Ihren Arbeitsplatz zu verschönern. Wenn Sie erst einmal damit anfangen, sich an Erzengel Jophiel zu wenden, werden Sie einen inneren Drang spüren, Ihr Heim oder Büro zu entrümpeln. Jophiel wird Sie dazu drängen, Überflüssiges zu verkaufen oder zu spenden. Dann wird sie Sie dazu anleiten, wundervolle Dinge zu kaufen, um Ihre Räume zu bereichern. Waagen lieben schöne Sachen, und Erzengel Jophiel ist der beste Engel, an den man sich vor einer Shopping-Tour wenden kann. Jophiel wird Sie zu den besten Läden führen, die gerade Sonderpreise bei hochqualitativen Produkten anbieten.

Obwohl Jophiel Sie zu schönen Dingen führen wird, werden diese Sachen trotzdem Geld kosten. Glücklicherweise sind viele Waagen clevere Geschäftsleute, die wissen, wie man Geld verdient und klug damit umgeht. Waagen arbeiten hart, damit sie sich die Kunstwerke, teuren Kleidungsstücke und opulenten Möbel leisten können, mit denen sie sich umgeben wollen.

Bei Venus geht es sehr viel um Luxus, und daher überrascht es nicht, dass die von Venus geleiteten Waagen sich und ihre Lieben gerne verwöhnen. Erzengel Jophiel hilft bei allen geschäftlichen Unternehmungen, auch wenn Sie Ihr Büro nach Feng Shui einrichten wollen, um mehr Erfolg anzuziehen. Bitten Sie einfach Jophiel um Hilfe, und sie wird für Sie da sein. Die Fähigkeit von Jophiel, negative Energie zu klären, kann stagnierenden Unternehmen dabei helfen, profitabler zu werden.

Erzengel Jophiel wird, wie die Göttin Venus, sehr stark mit göttlicher femininer Stärke assoziiert. Waage und Jophiel helfen Frauen dabei, das Beste aus ihren Vorzügen zu machen – sowohl die Schönheit als auch den Geist betreffend. Wenn Sie Schwierigkeiten damit haben, Ihr feminines Licht erstrahlen zu lassen, dann kann Ihnen Erzengel Jophiel dabei helfen, sich mit Ihrer femininen Energie wohlzufühlen, ganz egal, welches Sternzeichen Sie auch haben.

Sonnenzeichen Waage

Die Waage ist eines der vier führenden Kardinalzeichen in der Astrologie – zusammen mit Widder, Krebs, und Steinbock. Obwohl sich bei der Waage viel um Schönheit dreht, handelt sich auch um ein sehr dynamisches Zeichen mit der Kraft, die Dinge durchzusetzen. Und genauso ist auch Jophiel, der Engel der Waagen, sehr, sehr mächtig, obwohl sie eigentlich hauptsächlich für Schönheit und Feminität steht. Doch sie ist auch ein großartiger Erzengel, um negative Energie zu klären oder Hindernisse aus dem Weg zu räumen, ganz ähnlich wie der Hindu-Elefantengott Ganesh. Wenn Ihr Sonnenzeichen Waage ist, dann besitzen Sie diese Kraft und noch viel mehr.

Waagen sind berühmt für Ihren ausgeprägten Schönheitssinn, und das ist einer ihrer Pluspunkte. Die Waage ist außerdem ein Zeichen, das Frauen bevorzugt. Daher sind Tätigkeiten, die das weibliche Geschlecht verschönern oder Frauen zu mehr Wohlbefinden verhelfen, ideal für Sie.

Waagen haben einen starken Gerechtigkeitssinn, und ihre Waagschalen bevorzugen immer den friedlichen Ausgang. Das Zeichen der Waage wacht außerdem über das Gesetz. Erzengel Jophiels Fähigkeit, Hindernisse aus dem Weg zu räumen, kann Ihnen dabei helfen, den Underdog zu verteidigen und Ihre starken Seiten – Verhandlungsgeschick, Diplomatie und Wiederherstellung von Harmonie – noch weiter zu verfeinern.

Da Venus über ihnen wacht, sind viele Waagen künstlerisch begabt. Wenn Sie sich kreativ ausdrücken, wird das Ihre Lebensenergie entfesseln. Immer wenn Sie in diesem Bereich Schwierigkeiten haben, können Sie Erzengel Jophiel bitten, die Balance wiederherzustellen. Denn schließlich umfasst ein ausgewogenes Leben ja auch den kreativen Ausdruck!

Mondzeichen Waage

Der Mond konzentriert sich auf Ihre Bedürfnisse, und ein Waage-Mond bedeutet, dass Sie sich viel Harmonie und Ausgeglichenheit wünschen. Und das betrifft alle Bereiche Ihres Lebens.

Als Kinder neigen Menschen mit dem Mond in der Waage dazu, nur einen besonderen Freund zu haben, damit alles ordentlich und vorhersehbar bleibt. Sie bringen sich zudem selbst viel über Ernährung bei, um einen ausgewogenen Speiseplan zu haben und sind oft als Schiedsrichter auf dem Schulhof unterwegs. Wenn sie erwachsen sind, achten sie immer auf Balance – sowohl in ihren Beziehungen als auch bei der Ernährung.

Mit einem Waage-Mond haben Sie das Gefühl, dass es völlig inakzeptabel ist, aus der Balance zu geraten. Erzengel Jophiel kann Ihnen dabei helfen, die Dinge wieder in Relation zu betrachten. Sie kann sie daran erinnern, dass Sie sich beispielsweise öfter ausruhen oder mehr auf Ihre Ernährung achten sollten.

Menschen mit dem Mond in der Waage brauchen außerdem das Gefühl, dass die Menschen, von denen Sie umgeben sind, fair behandelt werden. Diese Mondstellung stattet Sie mit Unmengen von Charme aus, die Sie nutzen können, wenn Leute sich danebenbenehmen. Sie mögen es nicht, wenn es irgendwelche Missstimmungen gibt, deshalb ist es wirklich eine Win-win-Situation, wenn Sie wütende Leute dazu bringen, sich wieder zu beruhigen. Überflüssig zu erwähnen, dass Erzengel Jophiel für Sie da sein wird, wenn Sie das brauchen.

Wenn Waagen aus dem Gleichgewicht geraten, dann zeigt sich ihre Schattenseite, die Unschlüssigkeit. Endlos werden nun alle Optionen abgewogen, doch nie wird eine Entscheidung getroffen. Im Gegensatz dazu ist eine ausgeglichene Waage in der Lage, alle Facetten derselben Geschichte zu bedenken. Wie auch immer – es könnte dazu führen, dass Waagen sich überhaupt niemals irgendeine Meinung bilden oder Partei ergreifen. Wenn das bei Ihnen der Fall sein sollte, dann ist es Zeit für ein Gespräch mit dem Erzengel Ihres Mondes, Jophiel.

Merkur in der Waage

Na, hier haben wir es ja mal mit einem aufrichtigen, wortgewandten und ausdrucksvollen Charmeur zu tun! Mit dieser Planetenanordnung in Ihrem Horoskop besitzen Sie die Fähigkeit, auf eine Weise zu den Menschen zu sprechen, dass es in deren Ohren fast wie Musik klingt. Und da die Leute mögen, was sie hören, wenn Sie sprechen (oder mögen, was sie lesen, wenn Sie etwas geschrieben haben), verschafft Ihnen das einen Vorteil gegenüber den meisten anderen, wenn es darum geht, Ihren Willen durchzusetzen.

Waagen sind himmlische Charmeure, und Merkur ist der Planet der Kommunikation. Und zusammen bringen sie einen Menschen hervor, der – ja, genau – unglaublich charmant Konversation machen kann. Das kann sich im kreativen Bereich zeigen, im Beruf oder im Alltag.

Eine andere Sache, die man über diese Konstellation noch wissen sollte: Menschen mit Merkur in der Waage sind die besten Friedensstifter und Vermittler, die es gibt. Wenn Sie also merken, dass Sie oft anderer Leute Streitigkeiten schlichten müssen, wissen Sie jetzt, warum! Sie sehnen sich nach Harmonie, und manchmal müssen Sie eben anderen dazu verhelfen.

Ihr Merkur in der Waage wird Ihnen außerdem große Dienste tun, wenn Sie selbst etwas zu verhandeln haben. Sie sind sehr diplomatisch und verfügen über ausgezeichnete Manieren!

Der Engel für Merkur in der Waage ist Jophiel. Sollten Sie für die berüchtigte Unschlüssigkeit der Waagen anfällig sein, dann bitten Sie sie um Hilfe. Seien Sie zudem vorsichtig, wenn Sie dazu neigen, Menschen Komplimente zu machen, um zu bekommen, was Sie wollen. Manipulation ist nicht die feine Art!

Erzengel Jophiel hilft Ihnen dabei, wieder mehr Balance und Schönheit in Ihr Leben zu bringen. Wann immer Sie also das Gefühl haben, aus dem Gleichgewicht geraten zu sein oder nicht sehen können, welche Göttlichkeit das Leben durchdringt, sprechen Sie mit ihr.

Außerdem ist Merkur in der Waage sehr hilfreich, wenn Sie im Justizwesen tätig sind.

Und wenn Sie verärgert sind, weil Sie selbst ungerecht behandelt werden, dann bitten Sie ebenfalls Erzengel Jophiel, Ihnen beizustehen – sie kann Ihnen bei allen juristischen – oder einfach nur unfairen – Streitigkeiten helfen.

Venus in der Waage

Sie wissen, dass zwei Herzen besser als eins sind! Wir leben in einer Welt, in der immer mehr Menschen laut und stolz verkünden, dass sie glückliche Singles sind. Doch es ist sehr wahrscheinlich, dass Sie nicht dazugehören, zumindest nicht tief drinnen.

Bei Venus geht es um die Liebe, und die Waage hat mit Beziehungen zu tun. Zusammen ergibt das eine klassisch-romantisch veranlagte Person – jemand, der verliebt ist in die Liebe. Sie geben einen wunderbaren Partner ab, wenn Sie liiert sind. Und falls Sie Single sind, dann können Sie sich entscheiden, wie Ihre nächste Beziehung aussehen soll. Sie haben die Wahl!

Und mehr noch: Mit Venus in der Waage sind Sie hinreißend attraktiv, und es ist eine Freude, in Ihrer Nähe zu sein. Sie sind ein sehr soziales Wesen, und Sie erfreuen sich an jeder Form von zwischenmenschlichen Beziehungen. Sie sind ein großartiger Freund, da Ihnen viel an engen Beziehungen liegt.

Erzengel Jophiel wacht über Ihre Venus. Venus ist der Planet der Schönheit, der Liebe und des Luxus. Erzengel Jophiel ist der Engel der Schönheit. Also ja, Ihr Leben kann voll Schönheit sein!

Gibt es überhaupt Nachteile bei dieser wundervollen Venus/Waage-Kombination? Etwas, wobei Ihnen Erzengel Jophiel helfen kann? Nun, vielleicht kämpfen Sie damit, dass Sie manchmal etwas zu oberflächlich sind? Ob Sie vom Reichtum anderer beeindruckt sind oder selbst gerne mal prahlen – denken Sie daran, dass nur die inneren Werte wirklich zählen. Außerdem können Sie anfangs sehr unverbindlich sein oder sogar flatterhaft im weiteren Verlauf der Beziehung. Bitten Sie Erzengel Jophiel um Hilfe für Ihr Liebesleben, und Sie werden sie bekommen.

Finanziell gesehen haben Sie eine sehr gute Basis für Wohlstand in Ihrem Horoskop – Venus in der Waage bedeutet potenziell meist sehr viel Geld. Klingt nicht nach Ihnen? Dann sollten Sie vielleicht Ihre Ängste loslassen, die Sie in Bezug aufs Geldverdienen haben. Natürlich können Sie auch Erzengel Jophiel um Hilfe bitten, damit Ihre innere luxusliebende Waage sich voll entfalten kann.

Mars in der Waage

Alles, was Sie tun, das tun Sie mit der Idee im Kopf, dass Sie damit Harmonie, Frieden und Komfort schaffen – für sich selbst und Ihr Umfeld. Mars ist in jedem Horoskop die treibende Kraft. Normalerweise ein ziemlich ungestümer Planet, wird er durch die harmonisierende Waage jedoch etwas besänftigt.

Was Sie antreibt, ist Schönheit und Kunst, kreativ und künstlerisch zu sein. Ihnen geht es um Harmonie, Fairness und um Dinge, welche die Welt verschönern. Sie wollen Streitigkeiten schlichten – und zwar mit so wenig Ärger wie nur möglich. Manchmal wollen Sie sich nicht einmal mit Ihrem eigenen Zorn auseinandersetzen und schon gar nicht mit der Wut anderer. Das ist an sich großartig. Schwierig wird es erst, wenn Sie Ihren Groll so lang in sich anstauen, bis Sie förmlich explodieren! Mit Mars in der Waage sind Sie aber außerdem auch sehr strategisch und gut darin, andere zu überzeugen.

Jophiel ist der Engel, der über Ihren Mars wacht, und der Ihnen bei allen eventuellen Problemen, die mit Ärger zu tun haben, helfen kann. Wenn Sie wissen, dass es Ihnen an Durchsetzungsvermögen mangelt (was sehr typisch ist für Menschen mit dem Mars in der Waage), dann sprechen Sie mit ihr und bitten Sie um Hilfe. Sie werden sie bekommen. Dasselbe gilt, wenn es Ihnen Schwierigkeiten bereitet, Entscheidungen zu treffen oder die Dinge anzugehen. Erzengel Jophiel kann auch dabei helfen.

Mars ist zudem natürlich auch der Planet der sexuellen Intimität, und mit Mars in der Waage können Sie wirklich ein wundervoller Liebhaber sein – obwohl Sie dabei immer das Bedürfnis haben, dass alles nett und sauber ist. Aber seien Sie nicht gar zu pingelig, denn das könnte Ihr Sexualleben ungünstig beeinflussen. Lassen Sie sich gehen und geben Sie sich den schönen Gefühlen hin!

Übrigens können Sie es mit Mars in der Waage finanziell weit bringen, wenn Sie das möchten. Bei Mars geht es immer um Antriebskraft und bei Waage um die schönen, höheren Dinge im Leben, daher sollte Ihre Motivation, gutes Geld zu verdienen, ziemlich hoch sein. Wenn Sie jedoch finanzielle Probleme haben, sprechen Sie einfach mit Erzengel Jophiel.

Aszendent Waage

Wenn Ihr Aszendent Waage sein sollte, dann ist das ganz wunderbar! Über Ihrem Aszendenten wacht nicht nur der Planet der Schönheit, Venus (der mit der Waage in Verbindung steht), sondern gleichzeitig auch der »Engel der Schönheit«! Diese Traumkombination sollte Ihnen dabei helfen, darauf zu vertrauen, dass Sie ein sehr attraktives Äußeres besitzen.

Ihr Aszendent ist die »Eingangstür« zu Ihrem Horoskop. Er ist das Gesicht, das Sie tragen, selbst wenn es nicht immer Ihr »wahres Ich« sein sollte. Ganz egal, was Ihr Sonnenzeichen ist – wenn Ihr Aszendent Waage ist, dann bedeutet das, dass Sie auf vielerlei Weise wie eine Waage auf andere wirken oder sich auch so geben. Das ist ein wahrer Segen, denn die Waage wird mit einem schönen Leben assoziiert. Sie wurden geboren, um hell zu erstrahlen!

Aber ein Waage-Aszendent bringt bei all der Schönheit auch Substanz mit ins Spiel. Denn schließlich repräsentiert die Waage auch Harmonie, Diplomatie und die Fähigkeit, Menschen dabei zu helfen, Frieden zu finden. An diesen Qualitäten ist nichts Oberflächliches. Falls Sie sich zu schüchtern fühlen, um Ihren Charme und Ihre Anmut zu versprühen, dann denken Sie daran, dass jeder bestimmte Gaben besitzt. Und Sie besitzen unter anderem die Fähigkeit, andere zu beruhigen und Ihnen die Nervosität zu nehmen. Bitten Sie Erzengel Jophiel darum, Ihnen zu helfen, all die Gaben anzunehmen, die Ihnen bei Ihrer Geburt gegeben wurden.

Sie können sich wegen jedem der folgenden Dinge an Erzengel Jeremiel wenden, ganz egal, was Sie für ein Sternzeichen haben:

1. Wenn Sie Angst haben

2. Wenn Sie sich mit Ihrer Angst vor dem Tod – Ihres eigenen oder dem eines anderen – auseinandersetzen müssen

3. Wenn Sie sich fragen, ob Sie von Ihrem richtigen Lebensweg abgekommen sind

4. Wenn das Dunkle das Helle in Ihrem Leben verdrängt

5. Wenn Sie sich tiefere Verbundenheit mit Ihrem Liebsten/ Ihrer Liebsten wünschen

6. Wenn Sie Probleme haben, die mit Ihrem Gehalt zu tun haben, und Sie die Kraft brauchen, um Veränderungen vorzunehmen

7. Wenn Ihre Kreditkartenschulden Sie erdrücken

8. Wenn Sie die Auswirkungen Ihres Verhaltens fürchten

9. Wenn jemand Groll gegen Sie hegt und Sie Vergebung möchten

10. Wenn es Ihnen schwerfällt, sich selbst oder jemand anderem zu vergeben

11. Wenn Sie darüber nachdenken, etwas zu tun, dass gegen Ihre Moralvorstellungen geht

12. Wenn Sie immer nur auf die negative Seite des Lebens schauen

13. Wenn Sie jemanden über die Äußerlichkeiten hinaus kennenlernen möchten

14. Wenn Sie Probleme mit Ihrer eigenen oder der Integrität von jemand anderem haben

15. Wenn Sie ein Geheimnis für sich behalten müssen

16. Wenn Sie eine furchtbare Zeit hinter sich haben und wieder auf die Beine kommen müssen

17. Wenn Ihre Gefühle so tief sind, dass es schon wehtut

18. Wenn Sie Ihre übersinnlichen Fähigkeiten verstärken wollen

19. Wenn Sie sich selbst besser verstehen wollen und bereit sind, an Ihren Emotionen zu arbeiten

20. Wenn Sie in einer Beziehung mit Eifersuchtsproblemen zu tun haben

KAPITEL 8

Skorpion und Erzengel Jeremiel

24. Oktober – 22. November

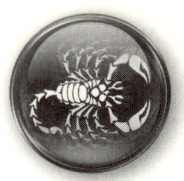

Beim Skorpion geht es um einige der tiefgründigsten Themen im Leben – Tod, Wiedergeburt und sexuelle Intimität. Es ist eines der Zeichen, für die man sich entweder entschuldigt oder mit denen man angibt! Aber es gibt überhaupt keinen Grund, um Verzeihung zu bitten. Wir alle suchen uns unser Geburtshoroskop passend zu unserer Lebensaufgabe aus. Wenn Sie viel Skorpion in Ihrem Horoskop haben, bedeutet das, dass Sie sich auf Seelenebene dazu entschlossen haben, mit einigen der dunkelsten und am meisten missverstandenen Energien und Themen zu arbeiten.

Da kommt Erzengel Jeremiel wie gerufen, dessen Spezialgebiete den Weg des Skorpions wunderbar ergänzen. Jeremiel ist einer der sieben Kernerzengel. Seine hauptsächliche Aufgabe besteht darin, kürzlich verschiedenen Seelen beim Rückblick auf ihr Leben zur Seite zu stehen. Jeremiel unterstützt und wacht über diese Seelen, während sie sich damit befassen, wie ihre Handlungen andere Menschen beeinflusst haben und was sie in ihrem Leben gelernt haben.

Aber Sie müssen nicht warten, bis Sie verschieden sind, um mit Jeremiel einen gründlichen Blick auf Ihr bisheriges Leben zu werfen, da dieser Erzengel auch lebendigen Menschen gerne bei einer Bestandsaufnahme ihres Lebens hilft. Sie müssen ihn einfach nur diesbezüglich um Hilfe bitten.

Erzengel Jeremiel und Skorpion sind also ein perfektes Paar. Skorpione gehören zu den tiefgründigsten und manchmal auch zu den düstersten Individuen überhaupt. Sie sind in der Lage, mit einer viel tieferen, schwereren Ebene des Lebens klarzukommen als die meisten Menschen.

Sie konfrontieren sich gern mit der Schattenseite des Lebens und mit dunklen Geheimnissen. Skorpione und Jeremiel stürzen sich unerschrocken in Bereiche, von denen der Durchschnittsmensch nichts wissen will. Sie sind einfach total furchtlos!

Je stärker der Skorpion in Ihrem Horoskop vertreten ist (wenn er also Ihr Sonnenzeichen ist; oder vielleicht noch *zusätzlich* Ihr Mondzeichen; oder sogar Ihr Sonnenzeichen, Ihr Mondzeichen und Ihr Aszendent), desto weniger Angst haben Sie davor, ein Teil der dunkleren Seiten des Lebens zu sein. Skorpione haben nicht wirklich eine lockere, beiläufige Seite an sich. Und das ist etwas, auf das sie stolz sind.

Erzengel Jeremiel erinnert uns daran, dass das Leben sowohl helle als auch dunkle Seiten hat und dass es das Wichtigste ist, sich darüber bewusst zu werden, wo wir selbst im Leben stehen. Jeremiel hilft uns dabei, einen klaren Blick auf unser momentanes Leben zu erlangen, sodass wir falls nötig, bessere Entscheidungen treffen können.

Erzengel Jeremiel wird Ihnen dabei helfen, mithilfe des Prozesses der Vergebung (für sich selbst und an-de-re) prüfend auf Ihr Leben zu schauen. Das ist etwas, wobei Erzengel Jeremiel den Skorpionen am meisten helfen kann. Sie wissen vielleicht, dass Skorpione oft-mals sehr nachtragend sind und sich manchmal sogar rächen können. Keiner kann solange jemandem grollen wie ein Skorpion! Das mag sogar gerechtfertigt sein, aber es schädigt nur die Person, die diesen Groll hegt, denn alter Zorn ist äußerst toxisch. Jedes Zeichen hat seine Stärken wie auch seine egobasierten Schattensei-ten. Beim Skorpion ist der Kontrast von Hell und Dun-kel jedoch so extrem, dass es das einzige Zeichen ist, dass durch zwei verschiedene Elemente repräsentiert wird. Wenn Skorpione dem Weg des höheren Selbst der Liebe und des selbstlosen Dienens folgen, werden sie vom Adler repräsentiert, um zu zeigen, dass sie mit In-tegrität sehr hoch fliegen. Adler-Skorpione wissen, wie sie ihre Zauberkünste einsetzen können, um dem Gött-lichen zu dienen. Sie lösen sich von ihren eigenen per-sönlichen Wünschen und vertrauen den Ausgang einer Sache dem Willen des Schöpfers an. Adler-Skorpione, die ihre Egos überwunden haben, sind wie lebende spi-rituelle Meister.

Im Gegensatz dazu werden Skorpione, die sich in ihren Egos suhlen, von einem dunklen Skorpion repräsentiert, der andere mit seinem Stachel aus Rachsucht, Unehrlichkeit und manipulativer Willkür vergiftet. Diese dunklen Skorpione benutzen ihre magischen Kräfte ausschließlich, um ihre eigenen Begierden zu stillen. Dazu kommt, dass dunkle Skorpione die Opferrolle spielen und fortwährend glauben, dass alle gegen sie sind. Gott bewahre, dass Sie sich auf so einen dunklen Skorpion einlassen!

Die meisten Skorpione sind ein Mittelding zwischen den dunklen und den Adler-Skorpionen. Sollten Sie selbst ein Skorpion sein, der noch viel alte, toxische Wut in sich trägt, dann stellen Sie sich vor, wie frei Sie sich fühlen würden, wenn Sie diese negativen Gedanken und Emotionen loslassen würden. Dazu müssen Sie nicht die Tat selbst verzeihen. Vergebung bedeutet, dass Sie sich vom ständigen Denken an die schmerzhafte Situation aus der Vergangenheit befreien. Vergebung balanciert zudem das Karma aus, sodass man nicht ständig mit denselben Seelen und Situationen reinkarnieren muss. Jemandem zu verzeihen ist wie die Musik auszuschalten. Der karmische Tanz ist vorbei, und jeder ist frei, um zu leben und zu lieben! Bitten Sie Erzengel Jeremiel einzugreifen, wenn Sie merken, dass es Ihnen schwerfällt, jemandem zu vergeben oder wenn Sie möchten, dass jemand Ihnen vergibt.

Eine andere Eigenschaft, die sich öfters zeigen kann, wenn Sie ein Skorpion sind, ist Ihre Neigung zu Verschlossenheit und Heimlichtuerei. Das ist so, weil sie

Geheimnisse haben, von denen sie denken, dass diese berechtigt sind, weil nur Sie sie verstehen können. Wenn Sie den Skorpion als Sonnenzeichen haben, als Mondzeichen oder Aszendent, kann diese Heimlichtuerei Ihre Beziehungen stören, Probleme mit dem Gesetz nach sich ziehen und Ihr Selbstbewusstsein schwächen. Wenn Sie diese Eigenschaft bei sich bemerken, dann bitten Sie Erzengel Jeremiel, Ihnen zu helfen. Nur weil der Skorpion in Ihrem Horoskop sehr stark ist, bedeutet das nicht, dass Sie irgendwie dazu verflucht sind, die negativen Eigenschaften dieses Zeichens zu verkörpern.

Skorpione fühlen sich oft zu Unrecht kritisiert, obwohl sie sich selbst auch hart verurteilen können. Sie neigen zu schnellen Urteilen, wenn Sie einen neuen Menschen kennenlernen. Wenn Sie jemand nicht mögen, werden sie diese Person wie Luft behandeln. Skorpione haben die Fähigkeit, während einer unangenehmen Situation mit ihrem Geist einfach »abzuschweifen«, sodass sie dann nicht mehr wirklich anwesend sind.

Ähnlich wie bei den anderen Zeichen, gibt es auch beim Skorpion eine leichtere und schönere Seite. Skorpione sind beispielsweise äußerst leidenschaftlich – und zwar im besten Sinne. Wenn Sie sie als Freund oder Partner lieben, werden sie das bis in den Tod tun – es sei denn, Sie verärgern sie. In diesem Fall sollten Sie sich vor ihren rachsüchtigen Tendenzen in Acht nehmen. Skorpione sind sehr wählerisch, wenn es darum geht, mit wem sie ihre Zeit verbringen. Wenn sie Sie als Freund oder Liebhaber erwählen, dann darf man sich sehr geehrt fühlen!

Bei Skorpionen ist unter der Oberfläche immer sehr viel los. Diese Tendenz kann zwar etwas düster sein, aber zeigt auch ihre Tiefgründigkeit. Skorpione sind alles andere als oberflächlich. Sie gehören zu den übersinnlichsten aller Zeichen, und sie fühlen alles sehr tief. Sie werden Ihnen jedoch nicht sagen, was sie fühlen oder denken, da Skorpione immer mit dem Schlechtesten rechnen, wenn Sie sich verletzlich zeigen würden.

Die meisten Skorpione sind nicht fähig, lockere Beziehungen lange aufrechtzuerhalten. Wenn sie Sie in ihr Leben einladen, können Sie sicher sein, dass sie Sie auch wirklich darin haben wollen. Aber sie erwarten im Gegenzug viel von Ihnen, auch dass Sie die Stürme des Lebens mit ihnen durchreiten. Wenn Sie in einen Skorpion verliebt sind, so ist das eine wirklich intensive Erfahrung. Skorpione scheinen immer im Zentrum zu sein, wenn ein Drama losbricht, und einige Leute finden deswegen, dass Skorpione Drama Queens sind, die Negativität förmlich anziehen, da sie sich stets auf die düsteren Seiten des Lebens konzentrieren.

Erzengel Jeremiel wird Ihnen dabei helfen, die Zwiebelschalen des Skorpions zu entfernen, wenn Sie in einer Beziehung mit einem leben. Und wenn Sie viel Skorpion in Ihrem Horoskop haben, wird Ihnen Jeremiel dabei helfen, mit all den Dingen in Kontakt zu kommen, die an Ihnen wundervoll sind.

Skorpione haben zudem sehr stark entwickelte Prinzipien. Sie sind genauso hart mit sich selbst wie mit anderen. Trotzdem neigen Sie manchmal zur Geheimniskrämerei, obwohl sie von allen anderen erwarten, offen und ehrlich zu sein. Wenn Sie ein Skorpion sind, der Probleme mit Integrität hat, dann kann die himmlische Energie von Jeremiel Ihnen dabei helfen, Ihr Leben so zu sehen, wie es ist – das Positive, aber auch die Dinge, die sich ändern sollten.

Sonnenzeichen Skorpion

Ein Skorpion zu sein ist eine sehr intensive Art, diese Welt zu erleben. Während einige der anderen Zeichen so tun, als ob gewisse Dinge und Probleme im Leben gar nicht existieren, weiß der Skorpion diese zu würdigen und beschäftigt sich gern mit dunkleren Themen. Bei Skorpionen geht es um sexuelle Intimität, Tod und Wiedergeburt. Denken Sie an den Phönix, der aus der Asche steigt – und Sie haben den Skorpion erfasst.

Erzengel Jeremiel arbeitet mit dieser Energie durch die Rückschau auf unsere Leben. Eine Erfahrung, die wir machen, nachdem wir auf die andere Seite gewechselt sind.

Erzengel Jeremiel beschönigt keinen dieser Lebensrückblicke, damit Sie sich gut fühlen, obwohl Sie Fehler gemacht haben. Es geht ja schließlich darum, dass Sie etwas lernen. Und Skorpione tun dasselbe, indem sie sich mit Themen befassen, die andere Leute lieber unter den Teppich kehren. Wenn Sie finden, dass das Leben zu hart für Sie ist, bitten Sie Erzengel Jeremiel um Hilfe. Wie alle Erzengel will Jeremiel, dass Sie im Frieden sind und ohne Angst. Er hilft Ihnen, sich unangenehmen Lebenssituationen zu stellen, damit Sie daraus lernen, sich weiterentwickeln und heilen können. Skorpione haben länger an Verletzungen und Beleidigungen zu knabbern als andere. Wenn Sie wissen, dass dass das zu Ihren Problemen gehört, dann bitten Sie Erzengel Jeremiel, Ihnen dabei zu helfen, Ihr Herz zu öffnen und sich in Vergebung zu üben. Manchmal sinnen Skorpione nach Rache an denjenigen, die sie verletzt haben. Dadurch laden sie sich negatives Karma auf, das sie sonst vermieden hätten. Das nächste Mal, wenn Sie merken, dass Sie sich in diese Richtung bewegen, sollten Sie Erzengel Jeremiel um Hilfe bitten – entweder im Stillen oder laut ausgesprochen. Erzengel sind da, um Ihnen zu helfen; das himmlische Gesetz verbietet ihnen jedoch, ungefragt einzugreifen.

Wenn man als Skorpion inkarniert, dann ist man darauf vorbereitet, eine sehr intensive Person zu sein, die manchmal von ihren Emotionen überwältigt werden wird. Aber es heißt auch, dass Sie bereit sind, sich auf dieser Ebene mit dem Leben zu verbinden und sich darauf einzulassen. Und Erzengel Jeremiel begleitet Sie fortwährend auf dieser wichtigen Reise.

Mondzeichen Skorpion

Diejenigen, die mit dem Mond im Skorpion geboren wurden, neigen dazu, geborene Psychologen zu sein. Sie besitzen die Fähigkeit, das Leben und die Menschen zu analysieren. Diese Eigenschaft bedeutet, dass sie jedes Thema gründlich durcharbeiten. Denken Sie an einen Detektiv, der nicht eher ruhen kann, bis der Fall gelöst ist. Auf diese Art gehen Leute mit einem Skorpion-Mond das Leben an. Sie sind tiefgründig, und zwar extrem.

Wenn Sie mit dem wundervollen Erzengel Jeremiel zusammenarbeiten, werden Sie lernen, Ihre Tiefen zu verstehen. Wie schon erwähnt, hilft Erzengel Jeremiel neu übergetretenen Seelen dabei, ihre Leben noch einmal zu betrachten. Er hilft aber auch den Lebenden, eine Art Inventur zu machen und ihre Lebenswege danach entsprechend anzupassen.

In anderen Worten: Sie müssen nicht warten, bis Sie im Jenseits sind, um eine Bestandsaufnahme Ihres Lebens zu machen. Bitten Sie Erzengel Jeremiel um Hilfe und nehmen Sie sich dann etwas Zeit, um zur Ruhe zu kommen. Mit einem Skorpion-Mond werden Sie sowieso schon gemerkt haben, dass Sie regelmäßig Zeit für sich allein brauchen.

Und wenn Sie sich sehr streng beurteilen (Menschen mit dem Mond im Skorpion können sehr heftig mit sich selbst und anderen sein), wird Erzengel Jeremiel Ihnen mit Vergebung helfen. Die wahre Skorpion-Magie geschieht, wenn Sie Ihre Magie in Sachen Liebe und positive Energie einsetzen.

Da der Mond für Emotionen steht und der Skorpion so ein tiefgründiges Zeichen ist, neigen diejenigen, die unter einer solchen Mondkonstellation geboren wurden, zu äußerst intensiven Emotionen. Wenn Ihnen jemand wehtut, dann fühlen Sie sich so tief verletzt, dass es sehr schwierig ist, diesen Groll wieder loszulassen. Wenn Sie sich selbst in so einer Situation wiederfinden sollten, dann bitten Sie Erzengel Jeremiel, dass Sie die Person, die Sie verurteilen, mit liebevollen Augen betrachten können. Denken Sie daran, dass Sie nicht notwendigerweise die Tat selbst vergeben müssen. Vergebung ist eher eine Art, sich selbst zu entgiften, wieder in die eigene Kraft zu kommen und Ihr Karma auszubalancieren.

Jeder, der Skorpion entweder als Sonnenzeichen, Mondzeichen oder Aszendent hat, besitzt starke übersinnliche Fähigkeiten. Zusätzlich regt Erzengel Jeremiel göttliche Visionen an. Durch die Zusammenarbeit mit Jeremiel können Menschen mit dem Mond im Skorpion lernen, ihren übersinnlichen Fähigkeiten zu vertrauen und sie weiterzuentwickeln.

Merkur im Skorpion

Mit Merkur im Skorpion entsteht eine Energie, die sich auf viele verschiedene und wundervolle Weisen zeigen kann. Auf der einen Hand verleiht diese Konstellation die Fähigkeit, zum Kern einer Sache vorzudringen, ganz egal welcher Art. Sie haben vielleicht auch eine leichtfertige Seite, aber wenn Ihnen etwas wirklich wichtig ist, sind Sie darauf vorbereitet, tiefer und tiefer zu bohren, bis Sie verstehen, was los ist.

Obsessiv? Ja, vielleicht sind Sie das von Zeit zu Zeit! Denn der Skorpion ist auch das Zeichen des Detektivs, und da Ihr Merkur, der Planet des Geistes, in diesem Zeichen steht, können Sie sicher sein, dass auch in Ihnen ein kleiner Detektiv steckt. Geheimnisse, Spione, die dunkle Seite des Lebens und Tabuthemen faszinieren Sie.

Wenn Sie merken, dass Sie zu viel über die dunklen und nicht genug über die hellen Seiten in Ihrem Leben nachdenken, dann sprechen Sie mit Jeremiel, dem Engel, der über Ihren Merkur wacht. Erzengel Jeremiel hat keine Angst, auch tief in dunklere Themen einzutauchen. Und wenn Ihr Merkur im Skorpion steht, dann sind Sie auch sehr gut darin, sich mit diesen Dingen furchtlos auseinanderzusetzen. Trotzdem gibt es zu Merkur im Skorpion noch einiges mehr zu sagen.

Eine der stellaren Qualitäten dieser Astro-Kombination: Ihr Verstand ist so scharf wie eine Rasierklinge. Und manchmal auch Ihre Zunge! Nutzen Sie also Ihre exzellenten intellektuellen Fähigkeiten, wann immer Sie können. Wenn Sie jedoch merken, dass Sie geistig faul sind, dann gehen Sie mal ein bisschen mit sich selbst ins Gericht und bitten auch Erzengel Jeremiel, Ihnen dabei zu helfen. Wenn Sie wissen, dass Sie zu ungeduldig sind, dann sollten Sie sich ebenso an Erzengel Jeremiel wenden, um Unterstützung zu erhalten. Merkur im Skorpion erhöht auch Ihre übersinnlichen Fähigkeiten.

Merkur im Skorpion kann zudem bedeuten, dass es schwieriger für Sie ist als für andere, einfach zu vergeben und zu vergessen. Aber wir müssen alle mit unseren Verletzungen und Kränkungen aus der Vergangenheit fertigwerden und nach vorne blicken. Es ist wirklich äußerst wichtig, mit Erzengel Jeremiel zu sprechen, wenn Sie Probleme haben, sich von der Vergangenheit zu lösen. So lange, wie Sie sich weigern, Ihren Frieden mit der

Vergangenheit zu schließen, so lange schleppen Sie diese auch wie Übergepäck mit sich herum!

Venus im Skorpion

Einer Ihrer größten Pluspunkte ist Ihre Intensität. Ihre Liebe ist nichts für schwache Gemüter! Wenn der Liebesplanet Venus bei Ihnen im Skorpion steht – dem Zeichen der Tiefe – dann fühlen Sie die Dinge durch *und durch und haben auch keine Angst, das zu zeigen!* Venus im Skorpion kann manchmal sogar fast angsteinflößend sein – haben Sie das auch schon bemerkt? An oberflächlichen Liebeleien oder bedeutungslosen Flirts sind Sie nicht interessiert, obwohl Sie vielleicht ab und an mal vorkommen. Aber wenn es darum geht, sich wirklich zu verlieben, dann halten Sie nach jemandem Ausschau, der Ihre Welt bis ins Innerste zum Erbeben bringt (und Ihren Körper).

Einige der wichtigsten Stolpersteine, auf die man Acht geben sollte, wenn man die Venus im Skorpion hat, sind zerstörerische Tendenzen wie Eifersucht oder Paranoia, die eine gute Beziehung vergiften können. Denn manchmal gehen Ihre Emotionen sehr tief! Das sind an sich jedoch wundervolle Nachrichten für Ihren Partner – wenn er oder sie Sie zurückliebt, dann werden Sie beide sich von der Seele bis zum Körper verbinden und wieder zurück. Skorpione lieben mit ihrem Körper, ihrem Geist und ihrer Seele.

Doch wenn Sie nicht positiv leben und lieben und sich als Ergebnis davon ganz verwirrt fühlen, wenn Sie das Gefühl haben, süchtig nach Liebe zu sein, von jemandem Bestimmten abhängig oder ganz besessen und wissen, dass das nicht gesund ist, dann sprechen Sie zu dem Engel, der über Ihre Venus wacht, Jeremiel. Er wird Ihnen dabei helfen, die Dinge wieder ins Lot zu bringen.

Erzengel Jeremiel ist in erster Linie derjenige, der kürzlich im Jenseits angekommenen Seelen dabei hilft, ihr Leben nochmals zu betrachten. Mit dieser Konstellation besitzen Sie vielleicht ein Interesse an dem Leben nach dem Tode oder an Jenseitsmedien. Jeremiel kann Ihnen bei einer Bestandsaufnahme Ihres Lebens helfen und Ihnen die Bahn ebnen, auch wenn Sie unter den Lebenden weilen. Bitten Sie also um Hilfe, wenn Sie das Gefühl haben, von Ihrem Weg abgekommen zu sein. Erzengel Jeremiel leitet Sie auch an, wenn es um Geld geht. Wenn Sie also finanzielle Probleme haben, dann bitten Sie ihn darum, Ihnen bei der Beobachtung Ihrer Einnahmen und Ausgaben zu helfen.

Mars im Skorpion

Sie sind ein wirklich würdiger Gegner – und zwar in jeder Arena. Mars ist der Planet der sexuellen Intimität, der Antriebskraft, des Wettbewerbs und des Zorns. Skorpion ist das Zeichen, das sowohl tiefgründig als auch sehr hartnäckig ist. Wenn Sie etwas ganz sehr wollen, dann wird Ihr Mars im Skorpion Ihnen helfen, es zu bekommen, auch wenn alle Ihre Mitstreiter längst aufgegeben haben.

Mars im Skorpion ist eine sehr kraftvolle Kombination. Wie können Sie diese also am besten handhaben? Zum einen sollten Sie Ihre Grenzen kennen – und die der anderen. Wenn Sie jemanden schlagen, sei es im Beruf oder in der Liebe, kann es sich wie ein schaler Sieg anfühlen, wenn die andere Seite deswegen leiden muss. Und Sie sind empfänglich für die Reaktion anderer Leute auf Ihr Verhalten. Arbeiten Sie also an sich, wenn Sie wissen, dass Sie nur zu gerne gewinnen, egal was es kostet.

Ihr Mars im Skorpion wird von Jeremiel bewacht, dem Erzengel, der bereit ist, dorthin zu gehen, wo andere sich nicht hintrauen – zu den Tabus von Sex, Tod und Wiedergeburt. Wenn Sie ein Problem haben, Ihren Ärger unter Kontrolle zu halten, dann kann das sehr gut mit Ihrem Mars im Skorpion zu tun haben. Sprechen Sie mit Erzengel Jeremiel und glauben Sie daran, dass Sie das in Ordnung bringen können – denn das *können* Sie!

Die gute Nachricht ist, dass Mars im Skorpion unheimlich sexy ist. Einige behaupten sogar, dass dieser Mars der erotischste ist, den man überhaupt haben kann. Aber lassen Sie das Ihre Liebhaber selbst entscheiden. Doch Sie sollten schon wissen, dass Sie überaus gesegnet sind, was das Liebemachen angeht.

Im Grunde ist Mars im Skorpion ein großer Segen, selbst wenn alles, was Sie bisher hier gelesen haben, zu intensiv klingen sollte, als dass man es noch als etwas Gutes auffassen könnte.

Wirklich. Es ist so, als hätte man ein sehr kraftvolles Auto. Sie müssen eben lernen, damit umzugehen. Und am besten geht das, indem Sie mit Erzengel Jeremiel zusammenarbeiten. Er ist furchtlos, also wird ihn nichts, was Sie sagen, fragen oder tun, schockieren können. Und er ist da, um Ihnen zu zeigen, wie Sie mit den Energien in Ihrem Horoskop am besten umgehen können.

Aszendent Skorpion

Ihr Aszendent bestimmt, wie Sie auf andere wirken. Da Menschen mit einem Skorpion-Aszendenten nicht über Ihre Gefühle und Gedanken sprechen – und wenn, dann nur mit viel Aufforderung – wirken sie sehr geheimnisvoll auf andere.

Menschen mit Aszendent Skorpion müssen Ihnen zuerst völlig vertrauen, bevor sie Ihnen ihr geheimes Innenleben offenbaren. In den meisten Fällen weiß nur die Person mit dem Skorpion-Aszendenten selbst mit Sicherheit, was wirklich unter ihrer Oberfläche vor sich geht! Sie können sehr mysteriös, schwer zu fassen und sogar verschlossen sein. Aus diesem Grunde sind sie so anziehend für Menschen, die Geheimnisse und Rätsel lieben. Wenn Sie einen Skorpion-Aszendenten haben, dann arbeiten Sie mit Erzengel Jeremiel zusammen, der über den Skorpion wacht.

So wie das Zeichen des Skorpions, so arbeitet auch Erzengel Jeremiel manchmal auf sehr geheimnisvolle Art und Weise. Wenn Sie ihn aber um Hilfe bitten, wird dieser Erzengel Sie dabei unterstützen, gesunde Veränderungen bezüglich Ihres Lebensstils vorzunehmen.

Wenn Sie versuchen, sich selbst besser zu verstehen, wenden Sie sich an Erzengel Jeremiel. Er wird zu allen Zeiten für Sie da sein, und er ist einer der Erzengel, der am stärksten mit Ihrem Horoskop in Verbindung steht. Durch seine Verbundenheit mit dem emotionalen Element Wasser ist der Skorpion eines der übersinnlichsten Zeichen.

Natürlich hat jeder von uns übersinnliche Fähigkeiten. Aber der Skorpion ist so offen für alle Energien, dass er seinen übersinnlichen Input nicht so stark filtern kann wie andere Zeichen. Aus diesem Grunde sind Skorpione ausgezeichnete Wahrsager. Sie sehen schon so aus und haben zudem noch das Zeug dazu! Sie müssen nur Ihre Tendenz überwinden, all die Informationen, die Sie empfangen, für sich zu behalten. Da Jeremiel einer der Erzengel ist, die mit Hellsichtigkeit und prophetischen Visionen in Verbindung gebracht werden, ist es sicherlich eine gute Idee, sich an ihn zu wenden, bevor Sie mit irgendeiner übersinnlichen Arbeit beginnen. Er ist für Sie da, um Ihnen zu helfen – auch wenn es darum geht, Ihren Klienten die Informationen mitzuteilen, die Sie empfangen haben.

Der Skorpion ist ein Zeichen, das gerne immer noch tiefer in Sachen eintaucht, bis zu dem Punkt, an dem es süchtig macht und man wie besessen ist. Wenn das nach Ihnen klingt, bitten Sie Erzengel Jeremiel um Führung. Er wird Sie in die frische Luft und ans Licht führen und dazu inspirieren, sich an Menschen zu wenden, denen Sie vertrauen können und die Ihnen helfen und Sie unterstützen werden, falls das nötig sein sollte. Jeremiel

kann zudem einen Skorpion, der unter einer Suchtprob-
lematik leidet, dazu ermutigen, Bescheidenheit und Verletzlichkeit bei sich zuzulassen – zumindest genug, um
Hilfe akzeptieren zu können.

* * *

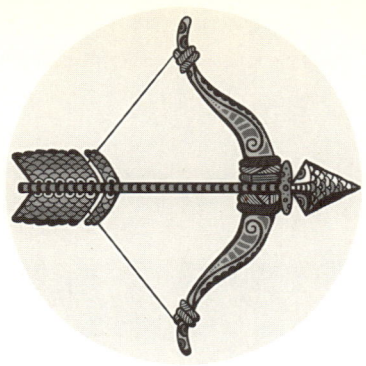

Sie können sich wegen jedem der folgenden Dinge an Erzengel Raguel wenden, ganz egal, was Sie für ein Sternzeichen haben:

1. Wenn Sie sich nichts mehr wünschen als in die weite Welt zu ziehen

2. Wenn Sie gesellig sein möchten, aber entweder zu schüchtern sind oder sonst wie unfähig, eine fröhliche Stimmung zu verbreiten

3. Wenn Sie drauf und dran sind, Ihre Träume aufzugeben

4. Wenn Sie Hilfe dabei brauchen, die leichtere Seite des Lebens zu sehen oder die lustige Seite einer Situation

5. Wenn Sie Lust auf ein bisschen Exotik in Ihrem Leben verspüren und das Abenteuer ruft

6. Wenn Sie mit Beziehungskonflikten zu tun haben

7. Wenn Sie jemandem etwas beibringen müssen und kein geborener Lehrer sind

8. Um gesunde Freundschaften anzuziehen

9. Wenn Sie sich zu sehr um Details kümmern, aber eigentlich das große Ganze sehen sollten

10. Um Ihnen dabei zu helfen, die Antworten auf Ihre Gebete zu hören

11. Wenn Sie einen Konflikt mit jemandem oder zwischen anderen auflösen müssen

12. Wenn Sie eine angespannte Situation mit Humor entschärfen sollten

13. Wenn Sie sich nicht so großzügig fühlen wie Sie gerne wären

14. Wenn Sie einer Situation sind, in der Sie viele neue Leute auf einmal treffen müssen

15. Wenn Sie sich wünschen, unbekümmerter zu sein

16. Wenn Sie in einer Beziehung einen Fehler gemacht haben

17. Wenn Sie sich mit einem Freund zerstritten haben und nicht sicher sind, wie Sie sich wieder versöhnen können

18. Um eine bessere Beziehung mit sich selbst zu entwickeln

19. Um sich enger mit Ihrer Familie verbunden zu fühlen

20. Um Ihre Beziehungen zu vertiefen

9. KAPITEL

Schütze und Erzengel Raguel
23. November – 22. Dezember

Für den Schützen ist das Leben ein Spiel. Und für Erzengel Raguel ist das Leben eine Party, denn er ist der sozialste aller Erzengel. Sein Name bedeutet »Freund Gottes«, und sein Fokus liegt auf Frieden und Harmonie mit jedem. Das ist auch typisch für die freundliche Energie des Schützen, mit dem jeder gut auskommt.

Genau wie sein Symbol – der Zentaur – springt der Schütze immer mit einer gehörigen Portion Abenteuerlust durch das Leben, immer auf der Suche nach unterhaltsamen Erfahrungen. Wo immer Sie auch in Ihrem Horoskop Schütze-Energie haben (Sonne, Mond oder Aszendent) – genau dort sind Sie bereit zum Risiko. Es ist der Bereich bei Ihnen, wo es um Spaß geht und darum, eine gute Zeit zu haben, ohne viel über mögliche Konsequenzen nachzudenken.

Schützen stehen auf der Sonnenseite des Lebens und mit dem Glücksplaneten Jupiter in Verbindung. Und wohin Jupiter auch geht – das Glück folgt ihm nach.

Sowohl Jupiter als auch den Schütze assoziiert man mit der Fähigkeit, »das gesamte Bild zu betrachten«. Mit anderen Worten – Sie sind in der Lage, das große Ganze zu sehen, ohne sich in Details zu verlieren. Um zu verstehen, wie nützlich das ist, stellen Sie sich einfach vor, Sie würden vor einem sehr großen, wunderschönen Gemälde stehen. Wenn man zu dicht an der Leinwand steht, kann man nur noch die einzelnen Pinselstriche erkennen und die Farben.

Doch wenn man einen Schritt zurücktritt, ist man in der Lage, das Gesamtkunstwerk zu sehen und es voll zu würdigen. Das ist etwas, bei dem Erzengel Raguel Sie unterstützen kann. Wenn man sich in Details verzettelt, dann kann er Ihnen dabei helfen, wieder eine größere Perspektive zu bekommen.

Erzengel Raguel hilft auch dabei, Streitigkeiten zu schlichten, was perfekt ist, da Schützen neutral bleiben, wenn um sie herum Konflikte wüten. Sie neigen zu einer »Leben und leben lassen«-Einstellung im Leben.

Doch wenn Sie Schütze sind und sich tatsächlich mal mitten in einem riesigen Konflikt wiederfinden sollten, dann ist es das Beste, wenn Sie sich an Erzengel Raguel wenden. Mit Ihrem berühmten schützetypischen Humor sind Sie selten jemandem lange böse, besonders mit der Hilfe von Raguel.

Schütze gilt so ziemlich als das freundlichste Zeichen. Eine warme, herzliche Energie umgibt jeden, der Schütze als Sonnenzeichen, Mondzeichen oder als Aszendenten hat. Schützen lieben Menschen, und die Menschen lieben sie zurück. Sie sind großzügige Freunde,

Geliebte, Kollegen und Familienmitglieder mit ausgeglichenem Gemüt. Sie sind gute Zuhörer und stets hilfsbereit. Wie könnte man Schützen also nicht lieben?

Die großzügige Energie des Schützen passt gut zu der von Erzengel Raguel, die ihren Fokus auf Freundschaften hat. Im Laufe unseres Lebens treffen wir oft neue Menschen, die wir gerne näher kennenlernen würden. Aber es ist nicht immer so leicht, in Kontakt zu bleiben. Die Gründe dafür können Schüchternheit oder Angst vor Zurückweisung sein.

Wenn Sie sich allerdings mit jemandem ganz Bestimmten anfreunden wollen, können Sie Erzengel Raguel bitten, für Sie einzuspringen. Er kann Ihnen Türen zu Freundschaften öffnen, sodass Sie und Ihre potenzielle neue Bekanntschaft leichter zueinanderfinden können. Da Schützen sehr charmant sind – und zwar ganz aufrichtig und ehrlich – brauchen Sie eigentlich nur eine durch Raguel geöffnete Tür, und dann werden andere Sie als neuen Freund sehen … oder mehr!

Erzengel Raguel ist immer für Harmonie und kann Ihnen helfen, in bestehenden, aber auch in neuen Beziehungen eine gemeinsame Ebene zu finden. Wenn Sie beispielsweise einen neuen Job haben oder in eine neue Schule kommen, wo Sie auf einmal sehr vielen neuen Leuten begegnen, dann bitten Sie Erzengel Raguel darum, Ihnen den Weg zu ebnen. Sowohl Raguel als auch Schützen sind dafür bekannt, anderen mit Liebe und Wärme zu begegnen. Soziale Situationen sind für sie tolle Gelegenheiten, um neue und spannende Leute zu treffen.

Die Fähigkeit, Freundschaft zu schließen, ist eine Sache, aber die Fähigkeit, Freundschaften auch dauerhaft zu pflegen, eine ganz andere. Schützen können so unbekümmert sein, dass sie manchmal gar nicht merken, wie superempfindlich andere Menschen sein können. Wenn Sie also etwas zu »schützig« sind und Ihre Begeisterung als unsensibel gegenüber dem Kummer eines anderen herüberkommt, dann kann Erzengel Raguel Ihre mitfühlende und fürsorgliche Seite hervorscheinen lassen. Raguel ist sogar dafür bekannt, Missverständnisse aus der Welt zu räumen. Natürlich müssen Sie auch Ihren Teil beitragen, wie etwa sich zu entschuldigen oder zu verzeihen, wenn das angemessen ist. Aber Erzengel Raguel wird für Sie da sein, wenn Sie ihn darum bitten, und die Harmonie in jeder Beziehung wiederherstellen.

Wie bittet man denn nun Erzengel Raguel um Hilfe? Mit ein paar einfachen Worten – still oder laut ausgesprochen. Beispielsweise: »Erzengel Raguel, danke dafür, dass wieder Frieden in meine Beziehung mit [Name der Person] eingekehrt ist.«

Sie können auch für andere aus Ihrem Umfeld, die gerade in einen Konflikt verwickelt sind, um Hilfe bitten (selbst wenn Sie nicht direkt beteiligt sind). Raguel ist ein guter Mediator und hilft den Menschen Ihre Gemeinsamkeiten zu erkennen und sich weniger auf Ihre Meinungsverschiedenheiten zu versteifen. Weil Erzengel Raguel es liebt, Harmonie zu bringen, wird er jedem Zeichen helfen.

Schützen sehen immer die positive Seite des Lebens. Menschen mit Schütze in ihrem Horoskop neigen dazu, sich darauf zu konzentrieren, was gut und richtig ist, anstatt auf das, was fehlt. Wenn Sie sich wünschen, dass Sie selbst mehr so wären, dann bitten Sie Erzengel Raguel um Hilfe. »Das Positive zu sehen« ist eines der Erfolgsgeheimnisse des Schützen, da Gedanken die Realität formen. Und da Sie mehr von dem bekommen, auf das Sie sich konzentrieren, sollten Sie Erzengel Raguel bitten, Ihnen zu helfen, sich auf positive Dinge zu konzentrieren.

Sonnenzeichen Schütze

Schützen sind meist sehr freiheitsliebende, fröhliche Geschöpfe, die im Leben eher Horizonte sehen als Begrenzungen. Was für ein Segen. Wenn Sie als Schütze geboren wurden, bedeutet das, dass Sie zumindest in diesem Leben die Welt erforschen und die Menschen kennenlernen möchten, die auf ihr leben. Schützen lieben es zu reisen. Das ist einer der Gründe, warum das Zeichen Schütze als das aufgeschlossenste gilt. Die Welt zu sehen und neue Ufer zu entdecken, ist natürlich eine wunderbare Art, um neue Freundschaften zu schließen. Raguel ist einer der begabtesten Erzengel, wenn es um neue Kontakte geht. Er ist voll Freundlichkeit und Harmonie, also verwundert es kaum, dass er DER Engel ist, an den man sich wenden sollte, wenn man seinen Freundeskreis vergrößern möchte.

Eines der wenigen Dinge, welche die Menschen am Schützen bemängeln (der ja normalerweise mit jedem gut klarkommt), ist seine Eigenart, oftmals gerne zu lang und zu viel zu reden. Wenn Sie als Schütze geboren wurden, werden Sie vom mitteilsamen Jupiter geleitet und haben daher einen Hang zu übertreiben und abzuschweifen. Denn immerhin sind Sie ein Naturtalent im Philosophieren, das gerne auch mal Volksreden hält. Das hat teilweise damit zu tun, dass Ihr messerscharfer Verstand Ihren geliebten Freunden so viele verschiedene Gedanken und Ideen mitteilen will.

Wenn Sie vermuten, dass Ihr fabelhaftes Schützentum jemandem gerade gehörig auf die Nerven geht, dann bitten Sie Erzengel Raguel darum, Ihren Enthusiasmus für eine Weile herunterzufahren, um die Harmonie in der Beziehung wiederherzustellen. Denken Sie daran, dass Kummer gerne Anschluss sucht, daher könnte ein depressiver Freund von Ihrer Dauerfröhlichkeit im Moment die Nase vollhaben.

Freunde wieder zusammenzubringen, ist eine von Raguels Stärken. Wenn Sie das Gefühl haben, dass ein Freund (oder jemand anderes) Sie unfair behandelt hat, dann bitten Sie Erzengel Raguel um Hilfe. Das Zeichen Schütze wird mit dem Gesetz, Anwälten und juristischen Angelegenheiten in Verbindung gebracht – genauso wie Raguel. Wenn Sie diesen Erzengel bitten, für Sie einzugreifen, um Schwierigkeiten aus der Welt zu schaffen, dann haben Sie einen mächtigen Verbündeten an Ihrer Seite.

Mondzeichen Schütze

Der Mond konzentriert sich auf das, was Sie brauchen, und beim Schützen geht es immer um Reisen, Studien, Abenteuer, Religion, Idealismus, Spaß und Risiko.

Wenn Ihr Mond also in diesem wundervollen Zeichen ist, dann verspüren Sie vielleicht das Verlangen nach unterhaltsamen Abenteuertrips mit spiritueller Bedeutung.

Doch wenn man so als abenteuerlustiger Draufgänger durchs Leben tanzt, kann das zu ganz eigenen Schwierigkeiten führen. Wenn Sie in einer brenzligen Situation stecken, weil Sie mal wieder losgezogen sind, um einem Ihrer großen Träume nachzujagen, bitten Sie Erzengel Raguel, Ihnen zu helfen. Den inneren und äußeren Frieden in chaotischen Situationen und Beziehungen wiederherzustellen, ist eines seiner größten Talente.

Erzengel Raguel ist unübertroffen, wenn es darum geht, wieder Ordnung ins Chaos zu bringen. Obwohl Leute mit dem Mond im Schützen nicht unbedingt chaotisch sind, neigen sie dennoch zu impulsiven Handlungen, ohne groß nachzudenken, auf was Sie sich da wieder einlassen. Wenn Sie ein solcher Schütze-Mond sind und wissen, dass Ihr Bedürfnis nach Spaß manchmal zu allerlei Scherereien führt, dann arbeiten Sie doch einfach mit Erzengel Raguel zusammen. Er wird Ihnen dabei helfen, selbst die verrücktesten Situationen in Ordnung zu bringen.

Beim Mond geht es aber auch um Ihre Emotionen. Daher ist es ein wahrer Segen, den Schützen zur Stelle zu haben. Das heißt nämlich, dass Sie nicht in der Lage sind, jemandem lange böse zu sein. Und das passt perfekt zu Erzengel Raguel, der Ihnen dabei hilft, Freundschaften zu schließen und zu pflegen. Es gibt aber auch ein großes Risiko bei so viel Schütze in Ihrem Horoskop. Sie sind oftmals etwas zu unbekümmert und denken sich vielleicht manchmal auch: Nach mir die Sintflut! Das kann natürlich zu reichlich Ärger mit Ihren Mitmenschen führen. Bitten Sie Erzengel Raguel darum, Sie zu Freunden (und einem Partner) hinzuführen, die Sie bei Ihren Abenteuern ermutigen werden, anstatt von Ihnen zu verlangen, sich mehr anzupassen.

Merkur im Schützen

Diese Kombination ist ein großartiger Segen. Merkur ist der Planet des Geistes – er bestimmt, wie Sie denken, schreiben, sprechen und mit anderen kommunizieren. Und Schütze gilt als das fröhlichste und unbeschwerteste Zeichen vor dem Herrn. Und wenn sich diese zwei zusammentun, kommt dabei jemand heraus, der in neun von zehn Situationen immer das Gute darin sehen kann. Und wenn Sie nur ein bisschen Bescheid über das Gesetz der Anziehung wissen – das besagt, dass Gleiches Gleiches anzieht – dann wissen Sie, welch großartiges Geschenk dieser angeborene Optimismus ist.

Das ist nur eine der Möglichkeiten, wie sich Merkur im Schützen äußern kann.

Wenn diese Astro-Kombination die Ihrige ist, dann ist das wirklich einer der wichtigsten Faktoren in Ihrem Horoskop. Und nur damit Sie es wissen: Menschen mit Merkur im Schützen können auch sehr, sehr kreativ sein.

Der Erzengel, der Ihren Merkur bewacht, ist Raguel. Sprechen Sie mit ihm, wann immer Sie das Gefühl haben, dass Sie Ihre Fähigkeit verlieren, positiv zu bleiben. Es ist wichtig, nicht so hart mit sich selbst zu sein, wenn man in eine negative Gedankenspirale hineingerät. Behalten Sie die Idee des optimistischen Denkens einfach im Hinterkopf.

Merkur im Schützen ist auch deshalb so wundervoll, weil es beim Schützen darum geht, möglichst alles von der großen, weiten Welt zu sehen. Merkur liebt Ausflüge und Reisen. Diese Konstellation schenkt Ihnen daher einen offenen Geist und einen kosmopolitischen Blick auf das Leben.

Merkur im Schützen heißt auch, dass Ihnen in schwierigen Situationen Ihr Humor weiterhelfen kann – um beispielsweise eine angespannte Lage schnell zu entschärfen. Ihre humorvolle Art ist auch nützlich, wenn Sie studieren müssen, und außerdem macht es einfach Spaß, in Ihrer Nähe zu sein. Schütze ist wahrscheinlich das fröhlichste Sternzeichen überhaupt, und Ihr Schutzengel Raguel ist einer der geselligsten aller Engel.

Sie müssen aufpassen, dass Sie nicht zu viel reden. Wappnen Sie sich gut für die Momente, in denen Sie gesagt bekommen, dass von Ihnen nichts als heiße Luft kommt! Und falls Sie je das Gefühl haben, gerade die Grenze ins Land der Schlauberger und Besserwisser überschritten zu haben, können Sie Erzengel Raguel bitten, Ihnen dabei zu helfen, Ihren fabelhaften Schützen-Merkur wieder in ein positiveres Licht zu rücken.

Venus im Schützen

Gleich zu Beginn: Mit dieser Konstellation sind Sie sehr anfällig dafür, sich in jemand aus einem fremden Land zu verlieben. Nur damit Sie es wissen! Aber natürlich gibt es noch mehr über Venus im Schützen zu sagen.

Venus ist der Planet in Ihrem Horoskop, bei dem es um Liebe und Wohlstand geht. Und das Zeichen Schütze ist der Abenteurer vor dem Herrn. Vereinen Sie also diese beiden Energien und heraus kommt jemand, der das Reisen liebt, der interessiert ist an Land und Leuten sowie an Möglichkeiten in der Ferne, der fasziniert ist vom Exotischen und seinen Liebsten nicht einengen will.

Wenn man die Venus im Schützen hat, dann ist man auch ziemlich idealistisch in der Liebe. Das hört sich erst mal gut an, aber die Sache ist ein zweischneidiges Schwert. Wenn man jemand anfangs auf ein Podest hebt, wie reagiert man dann, wenn man feststellt, dass er oder sie auch nur ein Mensch ist?

Zudem sind Sie manchmal etwas zu zuversichtlich in Liebesdingen. Sie nehmen einfach an, dass sich schon alles irgendwie fügen wird. Das ist an sich eine wunderbare Einstellung, doch jede Beziehung benötigt Pflege, sobald die Phase der anfänglichen Verliebtheit vorbei ist. Bei allen romantischen Problemen können Sie sich an den Engel wenden, der über Ihre Venus wacht, Raguel. Er hat unzählige Talente, aber besonders geschickt ist er beim Beenden von Streitigkeiten. Wenn es also Konflikte zwischen Ihnen und Ihrem Liebsten oder Ihrer Liebsten (oder Ihrem Ex-Partner) gibt, dann ist Erzengel Raguel für Sie da.

Seien Sie sich auch bewusst, dass Leute mit der Venus im Schützen manchmal sehr wankelmütig sein können und dazu neigen fortzulaufen, wenn es Probleme in der

Liebe gibt. Sprechen Sie mit Erzengel Raguel darüber und bitten Sie ihn diesbezüglich um mehr Durchhaltevermögen.

Im finanziellen Bereich gilt der Schütze als das Zeichen, das gerne Risiken eingeht. Das kann Sie sehr reich machen, wenn Sie auf das richtige Pferd setzen. Doch wenn Sie wissen, dass Sie ein bisschen zu leichtfertig sind, wenn es um Geld geht, dann kann Ihnen Erzengel Raguel dabei helfen, sich etwas im Zaum zu halten.

Mars im Schützen

Was für einen wundervollen Mars Sie haben! Mars ist der Planet, bei dem es darum geht, Dinge durchzuziehen, weiterzumachen und seine Ziele ehrgeizig zu verfolgen. Mit Mars im vorwärtsdenkenden und energiegeladenen Schützen erhalten Sie viel Feuerkraft!

Ihnen fällt es leicht, Begeisterung für das Leben zu entwickeln, und damit haben Sie schon einmal einen enormen Vorsprung. Es ist schön und gut, Ziele zu haben, aber Sie haben zudem auch die Chuzpe, Ihre Ambitionen Wirklichkeit werden zu lassen. Und zudem ist Schütze eine sehr beliebte und soziale Energie. Das heißt, dass Sie Ihre Ziele auf eine Art verfolgen, die andere nicht vergrault. Die Menschen neigen daher eher dazu, Ihnen ihre Unterstützung anzubieten.

Aber es gibt auch Nachteile mit einem Mars im Schützen, denn es gibt bei jeder Planetenanordnung Licht- und Schattenseiten. Denken Sie daran, dass wir uns die Konstellationen unseres Geburtshoroskops selbst so ausgesucht haben, weil wir wissen, dass wir an verschiedenen Aspekten an uns selbst noch arbeiten müssen. Und im Falle von jemandem, der Mars im Schützen hat, kann Selbstverherrlichung ein großer Problembereich sein. Geben Sie darauf Acht. Sprechen Sie mit dem Engel, der über Ihren Mars wacht, Raguel, wenn Sie das Gefühl haben, bei jemandem zu weit zu gehen. Wenn es um sexuelle Beziehungen geht (da Mars auch mit sexueller Intimität zu tun hat), dann verfügen Sie über eine wundervolle, unverbindliche Einstellung, die sehr verführerisch sein kann. Passen Sie trotzdem ein bisschen auf, dass Sie nicht zu ruhe- und rastlos in Sachen Romantik werden und mit diesem Mars als Hallodri ohne irgendwelche Bindungen enden. Beenden Sie Ihre Beziehungen nicht gleich bei ersten Anzeichen von Problemen. Sprechen Sie mit Erzengel Raguel, wenn Sie Probleme in diesem Bereich haben.

Außerdem sollten Sie sich fragen, ob Sie vielleicht etwas zu leichtfertig mit den Gefühlen anderer Menschen umspringen. Sie haben Glück, denn Ihr Mars hilft Ihnen dabei, durchs Leben zu gleiten und die Dinge nicht so ernst nehmen zu müssen. Aber nicht jeder kann so ungezwungen sein wie Sie. Denken Sie deshalb auch mal an die Normalsterblichen um Sie herum, wenigstens von Zeit zu Zeit!

Aszendent Schütze

Menschen mit Aszendent Schütze sind für gewöhnlich superbeliebt. Schließlich ist der Schütze das warmherzigste und geselligste aller Zeichen. Jemand mit einem Schütze-Aszendent geht zu Partys mit einem breiten Lächeln und hält Ausschau nach Freunden – alten und neuen – um mit ihnen eine gute Zeit zu haben. Sie strahlen einfach und sind unwiderstehlich!

Leute mit Schütze-Aszendenten lieben es, oft und lange zu plaudern, aber ihre Wortgeplänkel sind so unverfänglich und nett, dass man ihnen ihre oftmals viel zu langen Telefonanrufe verzeiht. Leute mit diesem Aszendent sind sogar so unterhaltsam, dass man völlig in den Bann gezogen wird, wenn man ihnen zuhört. Mit diesem Aszendenten haben Sie die einzigartige Fähigkeit, über sich selbst und das Leben zu lachen, eine angespannte Stimmung mit einem Witz aufzulockern und anderen etwas beizubringen – ausdrücklich und in aller Form oder ganz zwanglos nebenbei.

In der Zwischenzeit garantiert Ihnen Ihre enge Verbindung zu Erzengel Raguel ein Publikum, das die Konversation mit Ihnen zu schätzen weiß. Zu den seltenen Gelegenheiten, wenn es Ihnen schwerfällt, neue Freunde zu gewinnen, können Sie Raguel um Hilfe bitten. Dieser Erzengel verbindet Menschen und fördert Miteinander und Kooperation. Raguel wird Sie auch dazu anleiten, gut geplante Schritte zu unternehmen, um Ihr Bedürfnis nach Spaß und abenteuerlichen Lernerfahrungen zu erfüllen.

Wenn Sie wissen, dass Sie dazu neigen, zu viel über sich selbst zu reden, dann bitten Sie Raguel um mehr Balance für Ihre Gespräche. Raguel wird Ihnen zeigen, wie Sie sich auch gut unterhalten fühlen können, wenn

Sie zuhören, was *andere* Leute erzählen. Menschen mit Aszendent Schütze sind außerdem sehr verspielt und weigern sich einfach, das Leben oder sich selbst zu ernst zu nehmen. Manchmal können Sie dadurch mit anderen in Schwierigkeiten geraten, wenn diese denken, dass Sie nicht den Respekt von Ihnen erhalten, der Ihnen eigentlich zusteht.

Doch wie immer, ist Hilfe zur Stelle: Bitten Sie Erzengel Raguel, die Harmonie und das gegenseitige Mitgefühl in der Beziehung wiederherzustellen. Ihr sonniges Gemüt ist einer Ihrer größten Pluspunkte, seien Sie also dankbar, dass Sie sich für diese Planetenanordnung entschieden haben. Doch wenn Sie das Gefühl haben, dass die Leute Sie nicht ernst nehmen, dann bitten Sie Erzengel Raguel um Führung bei Ihren Worten und Taten, sodass Sie auf liebevolle Art bestärkt werden.

**Sie können sich wegen jedem der folgenden Dinge
an Erzengel Azrael wenden, ganz egal, was Sie für ein
Sternzeichen haben:**

1. Wenn Sie eine geliebte Person verloren haben

2. Wenn jemand in Ihrem Leben leidet

3. Wenn Sie sich Tatsachen von Leben und Tod stellen müssen

4. Wenn Sie Ihren Job verlieren

5. Um Ihr Herz von Kummer zu heilen

6. Um die Angst vor dem Tod zu überwinden

7. Um sich von toxischen Verlassenheitsängsten zu lösen

8. Um eine Grabrede zu halten

9. Um einen trauernden Freund zu trösten

10. Um sicher sein zu können, dass ein geliebter Mensch im Himmel glücklich ist und über Sie wacht

11. Wenn Sie Ihr Herz für die Liebe öffnen müssen

12. Um die Ecken und Kanten Ihrer Persönlichkeit abzumildern

13. Um herauszufinden, wie Sie jemandem am besten ein Denkmal setzen können

14. Wenn Sie sich älter fühlen, als Sie eigentlich sind

15. Um jemandem vergeben zu können, der Sie verlassen hat

16. Wenn Sie sich selbst von Ihren wahren Gefühlen abschneiden

17. Um Ihre morbide Faszination für den Tod zu verlieren

18. Um bescheiden und dankbar dem Leben gegenüber zu bleiben

19. Um sich mit Ihren verstorbenen Lieben zu verbinden

20. Wenn Sie mehr über das Leben nach dem Tod erfahren möchten

KAPITEL 10

Steinbock und Erzengel Azrael

23. Dezember – 20. Januar

Wenn Steinböcke Kinder sind, verströmen sie eine Weisheit, die für gewöhnlich eher von alten Menschen zu erwarten ist. Doch Steinböcke werden »alt geboren« und eignen sich erst später im Leben eine jugendliche, verspielte Seite an. Steinböcke arbeiten sehr hart und können sich zu Workaholics mit vollgepackten Terminkalendern und berufsbedingtem Stress entwickeln.

Steinböcke haben eine schon fast morbide Faszination für den Tod und die Sterblichkeit. Vielleicht sind sie Workaholics, weil sie sich so bewusst sind, dass sie nur eine begrenzte Zeit in diesem irdischen Leben zur Verfügung haben. Die meisten Steinböcke haben keine Angst vor dem Tod, sondern sehen ihn eher als eine Phase im Zyklus von Geburt und Wiedergeburt.

Es ist daher nicht überraschend, dass Erzengel Azrael, der übergetretenen Seelen hilft, ins Licht zu gehen, der Hauptengel für die Steinböcke ist. Für Menschen, die Angst vor dem Tod haben, klingt die Verbindung von Azrael und Steinbock vielleicht sehr harsch und unfreundlich, aber denken Sie bitte daran, dass der Steinbock eines der stärksten und widerstandsfähigsten Zeichen ist. Steinböcke sind sogar ziemlich stolz darauf, dass sie mit allem fertig werden, was das Leben (oder der Tod) ihnen in den Weg wirft.

Wo auch immer Sie Steinbock in Ihrem Geburtshoroskop haben (Sonnenzeichen, Mond oder Aszendent), dort ist der Bereich, wo Sie sich für sich selbst einsetzen, wo Sie denken, bevor Sie handeln und wo Sie aus Ihren Fehlern lernen oder dafür bezahlen. Jeder, der in diesem Leben mit dem Sonnenzeichen, dem Mondzeichen oder dem Aszendenten Steinbock in diese Welt geboren wurde, ist bereit, offen und fähig, die härtesten Lektionen zu lernen, die das Leben zu bieten hat. Sie haben vielleicht nicht unbedingt ein hartes Leben, aber sie sind Realisten, die das Leben so sehen, wie es ist.

Aus diesem Grund können Steinböcke so zynisch, sarkastisch oder abgestumpft erscheinen. Wenn swie sich mehr mit spirituellen Dingen befassen und sich im Verlauf des Lebens mit ihrem inneren Kind verbinden, dann verlieren sie allmählich ihre Abgebrühtheit und werden friedlich und philosophisch.

Erzengel Azrael heilt sanft Herzen voller Kummer. Steinböcke haben oft ein Leben, in dem viel Karma ausbalanciert wird. Deshalb finden sie es oft schwierig, mit anderen Menschen zu interagieren, da sie es dann mit Menschen zu tun haben, durch die sie verletzt wurden oder die sie selbst in früheren Leben verletzt haben.

Der karmische Test besteht darin, ob Steinböcke ver-

geben und alte Schmerzen und Qualen loslassen können. Erzengel Azrael ist sehr geschickt darin, die Herzen
derjenigen zu heilen, die jemanden oder etwas verloren
haben.

Erzengel Azrael ist spezialisiert darauf, Trauernden
zu helfen, über den Verlust geliebter Menschen hinweg-
zukommen. Wenn Sie Menschen kennen, die gerade so
eine Situation durchmachen, dann bitten Sie Erzengel
Azrael, sie zu trösten und zu heilen. Wenn Sie selbst einem trauernden Freund Trost spenden müssen oder eine
Grabrede halten sollen, dann kann Azrael Sie bei Ihren
Worten und Handlungen leiten.

Erzengel Azrael ist bekannt als der »Engel des Über-
gangs und der Veränderung«. Steinböcke sind sehr am-
bitionierte, erfolgreiche Menschen; aber sie können
auch sehr unflexibel und steif wirken, zumal sie Veränderungen immer skeptisch gegenüberstehen. Außerdem
werden sie noch von Saturn, dem Felsen, begleitet, daher verwundert es nicht, wenn sie manchmal mit ihren
Hufen scharren, bis sie feststecken. Erzengel Azraels Fähigkeit, den Menschen durch große Veränderungen im
Leben zu helfen, ist sehr nützlich für Steinböcke.

Manchmal sind Steinböcke so begierig darauf, die
höchsten Berge im Leben zu besteigen (schließlich ist ihr
Symbol eine Bergziege), dass sie diejenigen, die ihnen im
Weg stehen, entweder überholen oder zur Seite stoßen.
Natürlich können alle Zeichen sehr ambitioniert sein,
aber beim Steinbock wird das eben großgeschrieben.

Und manchmal verletzen sie so eben andere, die sich
durch sie ausgenutzt fühlen. Azrael ist der Erzengel, den

sie anrufen sollten, wenn eine ehrgeizige Person einfach über sie »hinübergeklettert« ist. Azrael kann bei allem Kummer helfen, einschließlich bei Verlusten, die durch Missverständnisse, Streitigkeiten oder Trennungen entstanden sind.

Obwohl Erzengel Azrael sich um die harten Themen wie Tod und Verlust kümmert, ist seine Energie alles andere als hart, sondern beruhigend und sanft.

Wenn Azrael uns besucht, kann man sein sanftes, fürsorgliches Mitgefühl spüren. Etwas, wovon Steinböcke profitieren können, wenn sie das in ihr Leben integrieren. Kluge Steinböcke wissen ohnehin, dass Freundlichkeit und Rücksicht ihnen bei ihren Ambitionen helfen werden, denn sowohl geschäftliche als auch persönliche Beziehungen sind die Schlüssel zum Erfolg.

Steinböcke sind oftmals sehr stolz darauf, wie hart im Nehmen sie sind. Sie rufen gern: »Ich kann das aushalten!« Erzengel Azrael wiederum, kann Herzen öffnen. Wenn Sie wissen, dass Sie eine harte Nuss sind, aber gerne mit Ihrer weicheren Seite in Kontakt wären, dann bitten Sie Azrael, Ihnen zu zeigen, wie Sie sich diese Siegerkombination aus Sanftmut und Stärke aneignen können. Erzengel Azrael ist auch sehr nützlich für Steinböcke, da er so sehr mit Herz und Gefühl assoziiert wird. Der Steinbock ist ein Erdzeichen. Zudem kann ein Steinbock auch sehr kopflastig sein.

Sie sind so realistisch, dass sie manchmal zu geerdet sind. Doch das ist nun einmal angeboren. Steinböcke werden jünger im Herzen, desto älter sie werden. Vielleicht lernen sie so einige der wichtigsten Lektionen von Erzengel Azrael – dass es manchmal besser ist, emotional zu leben als immer nur logisch und rational.

Wo auch immer Sie Steinbock in Ihrem Horoskop haben, dort könnte es für Sie günstig sein, etwas mehr auf Ihr Herz zu hören.

Zu den besten Eigenschaften von Steinböcken zählt ihre angeborene Weisheit, die wahrscheinlich von ihrer realistischen Art herrührt. Mit harten Fakten geht Weisheit einher! Erzengel Azrael ist ebenfalls sehr weise. Deshalb gehen trauernde Menschen, die er tröstet, letztendlich auch weiser aus ihrem Kummer hervor. Jeder Verlust im Leben lehrt uns wichtige Lektionen, wenn wir offen dafür sind, das Gute in einer schmerzvollen Erfahrung zu finden.

Sonnenzeichen Steinbock

Als Steinbock ist man älter und weiser als andere im selben Alter. Das hält bis ins mittlere Alter an, wenn die Steinböcke damit beginnen, die starren Strukturen, die sie um sich errichtet haben, zum Einstürzen zu bringen. Das Leben beginnt für Sie, wenn Sie sich entschließen, es zu genießen und Spaß zu haben.

Der Steinbock gilt als sehr weises Zeichen (Ihr Planet Saturn hat ebenso viel mit Weisheit zu tun), und vielleicht steht Ihre Eigenart »mit den Jahren immer jünger zu werden« mit dieser Weisheit in Verbindung. Wenn Sie älter werden, erkennen Sie, dass Liebe, Freunde und Familie zu den wirklich wichtigen Dingen im Leben zählen, anstatt materieller Wohlstand und Erfolg. Erzengel Azrael ist ein sehr weiser Engel, der Ihnen bei diesen Lebensveränderungen helfen wird. Und falls Sie zu einem kindlich-verrückten Erwachsenen werden sollten, der seine Verpflichtungen vergisst, dann kann Ihnen Azrael helfen, die goldene Mitte zu finden. Sie müssen ihn nur fragen.

Erzengel Azraels Aura ist elfenbeinfarben, wie Vanilleeiskrem. Azrael ist sehr, sehr sanft. Seine charakteristische Energie, die sehr leicht zu erkennen ist, gehört zu den Dingen, die Azrael so wundervoll machen. Wenn Sie ihn rufen und um Heilung und Führung bitten, wird Azrael Ihnen sehr klare Zeichen bezüglich der Richtung geben, die Sie einschlagen sollten. Denken Sie einfach daran, offen für diese Zeichen zu sein.

Als Steinbock sind Sie oft verstandesorientiert und eher von Ihren Emotionen abgeschnitten. Steinböcke sind wahre Meister darin, immer und überall Haltung zu bewahren.

Erzengel Azrael ist ein wundervoller Weggefährte auf Ihrer Reise, da er Ihnen dabei helfen wird, Ihre Wünsche und Bedürfnisse klar zu äußern. Denn schließlich erscheinen Sie stark und tapfer, wenn Sie sich immer so bedeckt halten, doch am Ende betrügen Sie sich selbst, und Ihre Lieben noch dazu. Sie könnten Ihnen vielleicht helfen, wenn Sie nur wüssten, dass Sie Hilfe brauchen. Und wenn Sie sich erlauben, im Kreise Ihrer Lieben echt und verletzlich zu sein, dann lernen sie auch Ihr wahres Ich kennen. Auf diese Weise werden Sie als der geliebt werden, der Sie sind, anstatt für das, was Sie tun. Bitten

Sie Erzengel Azrael, Ihnen zu helfen, sich bei Problemen zu öffnen, damit die Menschen, die Sie lieben, Ihnen auch helfen können.

Mondzeichen Steinbock

Der Mond bestimmt unsere Emotionen, und ein Mond im Steinbock bedeutet daher, dass Sie über viel emotionale Stärke verfügen. Menschen mit einem Steinbock-Mond können manchmal sogar ziemlich hart sein. Sie fühlen Emotionen nicht so tief wie andere Menschen. Vielleicht fällt es Ihnen durch Ihr abgestumpftes emotionales Spektrum leichter, sich den Herausforderungen des Lebens zu stellen.

Das soll nicht etwa heißen, dass alle Menschen mit einem Steinbock-Mond völlig unemotional wären. Einige sind sogar sehr zärtlich, mit tiefen und weichen emotionalen Untertönen. Doch jemand mit dem Mond im Steinbock ist eher praktisch und wird daher seine Gefühle nicht für Kleinigkeiten verausgaben, was er als reine Energieverschwendung betrachtet. Wenn ihm etwas jedoch wirklich wichtig ist, dann ist er durchaus zu sehr tiefen Empfindungen fähig. Menschen mit dem Mond im Steinbock weinen nicht wegen Kleinigkeiten, sie sparen sich ihren Kummer für größere Verluste auf.

Der Steinbock wird von Saturn bewacht, einem Planeten, der sich sehr auf das richtige Timing konzentriert. Saturn gilt außerdem als Planet der »kalten Energie«. Steinböcke können also kalt und berechnend wirken – zumindest auf diejenigen, die nicht verstehen, wie emotional sie wirklich sind. Ja, die Art des ambitionierten, Berge erklimmenden Steinbocks kann sehr kühl und kalkuliert erscheinen, aber tief drinnen schlägt ein zartes Herz.

Wenn Sie Ihren Mond im Steinbock haben und nicht wissen, wie Sie mit Ihren Emotionen umgehen sollen oder Ihre Lieben sich beklagen, dass Sie gefühlslos wirken, dann bitten Sie Erzengel Azrael um Hilfe. Er wird Sie daran erinnern, dass Sie Ihr Bestes geben, wenn Sie wichtige Aufgaben übernehmen, die sensiblere Typen verschrecken würden.

Mit dem Mondzeichen Steinbock können Sie sehr förmlich und steif auf andere wirken. Sie gehen nicht so gern aus sich heraus wie andere, sondern behalten lieber die Kontrolle. Sie sind ein organisierter Planer, der Struktur braucht und sich sehr bewusst ist, wie die Taten von heute das Geschehen von morgen beeinflussen werden. Dafür muss man sich nicht schämen. Lassen Sie sich also nicht von den Meinungen anderer beeinflussen. Wenn Sie trotzdem das Gefühl haben, Sie könnten etwas lockerer und flexibler sein, dann wenden Sie sich an Erzengel Azrael. Er ist einer Ihrer Schutzengel, die auf Sie aufpassen, und wird für Sie da sein, um Ihnen zu helfen.

Merkur im Steinbock

Vielleicht kennen Sie die Redewendung »ein Verstand so scharf wie ein Rasiermesser«. Wenn Sie Ihren Merkur im Steinbock haben, dann trifft das auf Sie zu. Merkur ist der Planet des Geistes, und Steinbock eines der ehrgeizigsten und in mancher Hinsicht klügsten Zeichen des Sternenhimmels. Es wäre ungerecht zu sagen, dass Merkur im Steinbock Sie superintelligent macht. Aber Sie bekommen dadurch die Möglichkeit, einen eher systematischen und logischen Verstand zu entwickeln. Schon allein dadurch wirken Sie klüger als andere Leute.

Und wenn es um Prüfungen oder berufliche Präsentationen geht, kommt Ihnen zugute, dass Sie mit Merkur im Steinbock über viel Esprit und Weisheit verfügen, beides Dinge, die andere Menschen sehr beeindrucken werden. Einige wundern sich vielleicht, warum ein superernster, von Saturn beherrschter Steinbock mit Esprit – also mit Witz und Schlagfertigkeit – in Verbindung gebracht wird. Die Antwort: Intelligenz wird oftmals sehr geistreich zum Ausdruck gebracht!

Es besteht jedoch bei Steinböcken die Gefahr, dass Sie zu starr in Ihrem Denken werden können. Sie sehen manchmal nur die potenziellen Probleme und können so trocken sein, als sei Ihr Denken schon völlig ausgedörrt. Lassen Sie das nicht zu!

Das Problem ist, dass Saturn über Ihren Merkur wacht, und Saturn ist der unlustigste Planet, den es überhaupt gibt. Wie kommen Sie also an das Gute von Merkur im Steinbock, während Sie über die negativen Sachen hinauswachsen? Zum einen können Sie mit Azrael sprechen. Er ist für Sie da – bitten Sie ihn darum, die positiven Aspekte des Steinbocks zu bekommen (Logik, Intelligenz, Konzentrationsfähigkeit und systematisches Denken), ohne die problematischen Tendenzen (Pessimismus, Verlust der Vorstellungskraft, festgefahrene Denkstrukturen).

Man könnte sagen, dass Merkur im Steinbock die Idee verkörpert, dass mit großer Macht immer große Verantwortung einhergeht. Das ist wirklich eine Ehrfurcht gebietende Konstellation! Merkur im Steinbock klingt nach dem Geist von jemandem, der die Welt beherrschen könnte. Nutzen Sie es weise!

Venus im Steinbock

Erinnern Sie sich selbst bitte täglich daran, dass es in der Welt Liebe und Geld im Überfluss gibt! Venus im Steinbock ist eine wundervolle und beständige Energie. Bei Venus geht es immer um Liebe und Wohlstand. Ein Mensch mit Venus im Steinbock ist ein Liebhaber, der Sie niemals im Stich lassen wird und eine Geschäftsperson, die diszipliniert und seriös ihre Ziele verfolgt. Jemand mit Venus im Steinbock ist sowohl im privaten als auch im beruflichen Bereich äußerst verantwortungsbewusst. Das Problem ist, dass Venus-im-Steinbock-Menschen manchmal vergessen, Spaß zu haben, da sie so sehr damit beschäftigt sind, immer richtig und wohlüberlegt zu handeln.

Leute mit der Venus im Steinbock sind auch gut im Flirten, da sie sich mit der Liebe bestens auskennen. Sie finden schnell heraus, was das Herz des Gegenübers begehrt. Aber sie nehmen die Liebe auch von Beginn an so ernst, dass dabei die unbeschwerten Freuden einer neuen Romanze zu kurz kommen können.

Wenn Sie wissen, dass Sie zu rational an die Liebe herangehen, dann sprechen Sie mit dem Engel, der über Ihre Venus wacht – Azrael. Reden Sie auch mit ihm, wenn Ihre Beziehung Veränderungen durchläuft, da Erzengel Azrael sehr gern Menschen hilft, die sich in ihren Leben in einer Übergangsphase befinden.

Erzengel Azrael hat sehr viel mit Herzensangelegenheiten zu tun. Oder anders gesagt: Wenn Ihre supersensible Venus im Steinbock etwas sanfter werden könnte; wenn Sie wissen, dass Sie Ihre Freunde und Ihren Partner zu schnell kritisieren, was wiederum Ihre Beziehungen belastet; wenn Sie manchmal fürchten, für immer allein zu bleiben oder sich einsam fühlen, obwohl Sie in einer Beziehung leben, dann sprechen Sie mit Erzengel Azrael. Er wird Ihnen dabei helfen, das Beste aus Ihrer Venus im Steinbock zu machen.

Und wenden Sie sich auch an Azrael, wenn Ihnen wegen einer verlorenen Liebe schwer ums Herz ist. Denn Azrael ist der Engel, dessen Spezialität es ist, diejenigen zu heilen, die um etwas trauern. Azrael kann Ihnen auch dabei helfen, nicht ständig an Ihren eigenen Tod zu denken oder an den Ihres Partners.

Finanziell gesehen ist Venus im Steinbock ein wahrer Segen. Venus hat mit Wohlstand zu tun, und Steinbock ist eines der ehrgeizigsten und ernsthaftesten Zeichen überhaupt. In Kombination bringen sie jemanden hervor, der fähig ist, bereit und motiviert, beruflich sein Bestes zu geben, und dadurch in Spitzenpositionen aufsteigen und sehr viel Geld verdienen kann. Aber bitte nicht zu Tode arbeiten!

Mars im Steinbock

Mars im Steinbock gilt als Langstreckenläufer unter den Tierkreiszeichen. Mars schenkt Elan, Vitalität und Antriebskraft. Steinbock ist das Zeichen, das mit dem ernsthaften Planet Saturn verbunden ist, bei dem es um Pünktlichkeit, Lektionen und Widerstandskraft geht.

Mit Mars im Steinbock arbeitet man sich langsam, aber stetig zum Ziel, ohne sich von irgendetwas ablenken zu lassen oder ans Aufgeben zu denken.

Es wird sogar gesagt, dass man mit Mars im Steinbock keine Angst vor Konkurrenz hat, sondern dadurch nur noch stärker wird. Lange nachdem Ihre Rivalen und Mitstreiter schon aufgegeben haben, sind Sie immer noch am Ball. Wenn das bei Ihnen nicht so sein sollte, dann sprechen Sie mit dem Engel, der Ihren Mars begleitet, mit Azrael.

Seien Sie sich bewusst, dass Mars im Steinbock so dominant ist, dass Sie sich manchmal etwas zurückziehen sollten. Das Leben besteht nicht nur aus Konkurrenzkampf. Wenn Sie auf dem spirituellen Weg sind, dann sollten Sie schon eine Ahnung davon haben, dass wir alle verbunden sind. Sie müssen nicht jeden in allem schlagen! Wenn Sie also merken, dass Sie die Grenze überschreiten und sich einfach nur noch rücksichtslos verhalten, dann ziehen Sie sich bitte zurück. Das kann sowohl in Ihrem privaten als auch in Ihrem beruflichen Leben passieren. Sprechen Sie mit Erzengel Azrael, der Ihnen dabei helfen kann.

Sexuell gesehen (da Mars auch der Planet der sexuellen Intimität ist) trifft das Wort *Ausdauer* eigentlich auf jeden zu, der in seinem Geburtshoroskop Mars im Steinbock hat. Das ist eine sehr erotische Konstellation, nicht nur für Männer. Steinbock ist das Zeichen der klugen Geschäftsperson im Businessanzug; aber trotzdem gehört es auch zu den sexysten Zeichen. Das ist zum Teil so, weil es als klug gilt und Intelligenz sehr sexy sein kann, aber auch teilweise, weil Sie so grobsinnlich sind. Wenn Sie Mars im Steinbock haben, dann ist Azrael der Engel, mit dem Sie sprechen sollten, wenn Sie Probleme mit der sexuellen Intimität haben, die gelöst werden müssen.

Aszendent Steinbock

Mit Steinbock-Aszendenten können Sie sich wirklich gesegnet fühlen. Obwohl Steinbock von einem der strengsten Planeten beherrscht wird, Saturn, können Steinböcke einen wundervollen Humor besitzen.

Astrologen haben lange über diese Ironie gerätselt und kamen schließlich zu dem Schluss, dass guter Humor nur von einem klugen Verstand kommen kann, und Menschen mit einem Steinbock-Aszendenten besitzen diese Weisheit.

Menschen mit Aszendent Steinbock können geradeheraus und auf den Punkt sein. Wenn Sie sich selbst dazuzählen, dann beschönigen Sie normalerweise nichts. Denken Sie daran, dass der Steinbock sehr praktisch und ergebnisorientiert ist. Belangloser Smalltalk ist nichts für Sie! Wenn Sie also Steinbock sind, oder Steinbock als Mondzeichen oder Aszendent haben, dann sagen Sie, was Sie meinen, und erwarten das auch von anderen. Geschichten, die immer wieder abschweifen, oder Verkaufsargumente, die nicht wirklich auf den Punkt sind, frustrieren Sie nur.

Diese Eigenschaft passt gut zu Erzengel Azrael, dessen Augenmerk sich immer auf die Ehrlichkeit richtet. Wenn Sie trotzdem wissen, dass Ihre Angewohnheit, immer die ungefilterte Wahrheit zu erzählen, Ihre Beziehungen gefährden kann, dann bitten Sie Erzengel Azrael um diplomatische Fähigkeiten. Er kann Ihnen beibringen, Ihre ehrlichen Äußerungen etwas abzuschwächen, sodass andere dabei nicht mehr zusammenzucken.

Obwohl Azrael sehr mächtig ist und sich mit dunklen Themen befasst, braucht man sich nicht vor ihm fürchten. Er ist eigentlich ein sehr sanfter und ruhiger Erzengel, der in der Lage ist, emotionale Situationen deutlich zu entschärfen. Eine gute Nachricht für alle mit Aszendent Steinbock: Jedes Ärgernis aus der Kindheit hat Sie für das Erwachsendasein gestärkt. Diese Konstellation bringt Menschen hervor, die geduldig und beherrscht sind und es oftmals zu viel Wohlstand bringen werden. Sie dürfen nur nicht »steinbockig« werden und versuchen, alles ganz allein zu schaffen, wenn Sie eigentlich Hilfe bräuchten. Denken Sie daran, dass Azrael immer um Sie ist.

* * *

**Sie können sich wegen jedem der folgenden Dinge
an Erzengel Uriel wenden, ganz egal, was Sie für ein
Sternzeichen haben:**

1. Wenn Sie Computerprobleme haben

2. Wenn Sie zu sehr im Kopf leben und nicht genug im Herzen

3. Wenn Sie für ein Problem eine geniale Lösung brauchen

4. Wenn Sie eine intellektuelle Unterhaltung führen

5. Wenn Sie Angst vor Fortschritt und Veränderung haben

6. Wenn Sie in einer geschäftlichen Besprechung sind

7. Um einen Test zu bestehen

8. Wenn Sie um die Ecke denken müssen

9. Wenn Sie eine schnelle Entscheidung treffen müssen

10. Wenn Sie gern praktischer und geerdeter wären

11. Wenn Sie mehr über ein spezielles Thema wissen müssen

12. Wenn Sie etwas recherchieren

13. Um komplizierte Konzepte zu begreifen

14. Wenn Sie Schwierigkeiten haben, bei der Technologie auf dem neuesten Stand zu bleiben

15. Um Hilfe für Ihre Website oder Unterstützung mit den sozialen Medien zu bekommen

16. Wenn Sie einen Partner finden möchten, der Sie versteht

17. Um Selbstvertrauen zu gewinnen, wenn Sie es mit Intellektuellen zu tun haben

18. Wenn Sie nach anregenden und interessanten neuen Freunden suchen

19. Wenn Sie nicht sicher sind, welcher Schritt der nächste ist

20. Um wirklich darauf vertrauen zu können, wie klug Sie sind

KAPITEL 11

Wassermann und Erzengel Uriel

21. Januar – 19. Februar

Uriel ist bei Weitem der intellektuellste aller Erzengel, und hier haben wir ihn also in Verbindung mit dem Wassermann, einem Luftzeichen. Luftzeichen sind bekannt dafür, dass sie eher in ihren Köpfen als in ihren Herzen leben. Das soll keine Kritik sein, denn alle Zeichen haben ihre Herausforderungen zu bestehen. Wassermänner sind bekannt dafür, brillante Denker und die Erfinder der Astrologie zu sein. All die Zeit, die sie in ihren Köpfen verbringen, inspiriert sie zu neuen Ideen und Innovationen. Das ist auch der Grund, aus dem die Energien von Uriel und Wassermann so gut zusammenpassen.

In mancher Hinsicht ist Erzengel Uriel wie ein weiser, alter Onkel, der allen etwas beibringt, die um ihn sind. Denken Sie an Yoda aus *Star Wars,* der stets all sein Wissen an die Menschen in seinem Umfeld weitergeben will. Und Wassermänner sind wie Schwämme, die solche Informationen aufsaugen. Sie sind unter all den

Sternzeichen als die Wissenschaftler bekannt. Ohne Wassermänner gäbe es keinen Fortschritt! Sie nehmen Informationen auf und verarbeiten diese so, dass sie damit die Welt verändern können. Jede Erfahrung, die sie machen, ist eine Lektion. Die Tendenz von Wassermännern, immerzu im Kopf zu leben, verstärkt noch ihren Intellekt. Ihre Fähigkeit, sich loszulösen und das Leben leidenschaftslos zu betrachten, macht sie kühl und gelassen, wenn sie unter Druck geraten, was vielleicht auch der Einfluss ihres kalten, intellektuellen Planetenherrschers Saturn ist. Wenn wieder einmal alles im Leben schiefläuft, fallen sie nicht gleich in sich zusammen, sondern sind pragmatisch und lösungsorientiert.

Da Wassermänner sehr offen und ausdrucksvoll sind, diskutieren sie bereitwillig ihre Prüfungen und Lektionen, während sie ihr hart erkämpftes Wissen an andere weitergeben. Wo immer in Ihrem Horoskop der Wassermann auftaucht (Sonnenzeichen, Mondzeichen oder Aszendent), dort sind Sie in der Lage, sich loszulösen und andere ihr eigenes Leben leben zu lassen. Erzengel Uriel schenkt Ihnen persönliche Einsichten sowie große Ideen. Wassermänner sind dafür bekannt, dass sie eher eine persönliche Beziehung zu der *gesamten* Menschheit haben, anstatt individuell mit einzelnen Personen.

Erzengel Uriel geht es um die Rettung des Planeten mithilfe von Einsichten und göttlicher Erleuchtung. Doch während Wassermänner sich mehr auf ihre humanitären Bemühungen als auf ihre persönlichen Beziehungen konzentrieren, ist Erzengel Uriel in der Lage, im Großen und im Kleinen zu wirken. Dort, wo in Ihrem

Horoskop der Wassermann auftaucht, ist der Bereich, wo Sie manchmal viel zu geradlinig und sachlich sind. Wenn Ihr Sonnenzeichen, Ihr Mondzeichen oder Ihr Aszendent der Wassermann ist, dann sind Sie wahrscheinlich ein aufgeschlossener Idealist. Doch um Ihre Ideen zur Rettung der Welt auch umsetzen zu können, sollten Sie Hilfe von anderen in Anspruch nehmen. Als Teil Ihrer spirituellen Lektion in diesem Leben sollten Sie daher lernen, die Leute um sie herum als Menschen mit Gefühlen zu betrachten und individuelle Beziehungen zu ihnen aufzubauen.

Denn Wassermänner können so beschäftigt mit ihren hochtrabenden Ideen sein, dass sie manchmal wie reservierte, ungeduldige Kontroll-Freaks rüberkommen. Wenn Sie Beratung in Sachen zwischenmenschliche Beziehungen brauchen, dann bitten Sie Erzengel Uriel um Hilfe. Als intellektueller Mitstreiter, der dazu noch von einem liebevollen, offenen Herzen ausbalanciert wird, gibt Uriel ein brillantes Vorbild und einen guter Lehrer für Sie ab! Wenn Sie ein klares Beispiel dieser Energien wollen, dann denken Sie einfach an Mr. Spock aus *Star Trek*. Er verströmt die Eigenschaften von Wassermännern – jemand, den jeder liebt, aber der Schwierigkeiten hat, Emotionen zu verarbeiten oder Mitgefühl für andere zu empfinden. Mr. Spock hat superbe Ideen, aber was er wirklich will, ist eine emotionale Bindung. Wenn Sie finden, dass Sie sich mit Emotionen unwohl fühlen, dann bitten Sie Erzengel Uriel darum, Ihr Herz auf sanfte Weise zu öffnen. Wassermänner sind meist sehr beliebte Zeitgenossen. Trotzdem sammeln sie eher scharenweise Freunde um sich als wirklich enge Beziehungen aufzubauen. Emotionale Intimität ist schwierig und furchteinflößend für sie, darum vermeiden sie diese, da sie es gewohnt sind, alles andere, was sie tun, meisterlich zu beherrschen. Trotzdem sind viele Wassermänner ganz versessen darauf, ihren romantischen Seelengefährten zu finden! Wenn das ganz nach Ihnen klingt, dann bitten Sie Erzengel Uriel um Beziehungshilfe. Er ist zwar bei Weitem kein »Romantikengel«, trotzdem ist er ja der »Weise-Onkel-Engel«, der Ihnen hilft, bei der Auswahl Ihres Partners eine kluge Wahl zu treffen.

Hören Sie auf ihn, wenn er Sie dazu inspiriert, Ihren Gefühlen Ausdruck zu verleihen, romantische Gesten zu machen oder Ihre Zuhörerqualitäten zu entwickeln. Erzengel Uriel ist der Überbringer von Wissen. Es spielt keine Rolle, was Ihr Zeichen ist – wenn Sie nach neuen innovativen Ideen suchen, dann ist er der Erzengel, an den Sie sich wenden sollten. Stellen Sie sich vor, wie Uriel eine helle Laterne hält. Und wenn Sie sich verloren fühlen, dann bitten Sie Erzengel Uriel, Ihnen den Weg zu leuchten. Er wird Ihnen göttliche Führung senden – durch sich wiederholende Gedanken, Ideen, Zeichen und Einsichten. Wenn Sie seine Führung erkennen und ihr folgen, wird Sie Uriel in eine wundervolle Richtung führen.

Wassermänner sind bekannt dafür, schonungslos ihre Meinung zu sagen, was zu großen Spannungen in Beziehungen führen kann. Wir wollen alle, dass unsere Freunde aufrichtig zu uns sind, aber manchmal können Wassermänner brutal ehrlich sein! Wenn Sie sich selbst in dieser Beschreibung wiederfinden, dann können Sie Erzengel Uriel bitten, Ihnen dabei zu helfen, diplomatischer zu sein. Er wird Ihnen beibringen, wie man auf sanftere Art ehrlich sein kann. Uriel ist der Erzengel, der immer nach der Wahrheit sucht und es lieben würde, diese für Sie ans Licht zu bringen. Wassermann ist ein Zeichen, das sich auf Fortschritt und die Zukunft fokussiert. Wo immer Sie Wassermann in Ihrem Horoskop haben, dort werden Sie nicht lange in Gewohntem verharren. Wenn Sie aber doch einmal das Gefühl haben sollten, in irgendeinem Bereich Ihres Lebens nicht vorwärtszukommen, dann bitten Sie Erzengel Uriel um Ideen, wie Sie weitermachen können. Er wird Ihnen gerne Gedankenblitze senden, die Ihnen klar die Richtung weisen werden.

Sonnenzeichen Wassermann

Erzengel Uriel ist sehr gut darin, prophetische Informationen zu vermitteln. Uriel kann in die Zukunft sehen und Wassermänner ebenso. Sie sind begabte Visionäre und Futuristen. Wassermänner erhalten Visionen bezüglich des potenziellen Weges, den sie idealerweise gehen sollten. Und sie können wie besessen davon sein, diese Visionen auch tatsächlich zu manifestieren.

Wassermänner sind Nonkonformisten, die oftmals keinen Wert auf die Meinung anderer Leute legen. Wenn Sie Wassermann als Sonnenzeichen haben, sind Sie in der Lage, zukünftige Trends vorherzusagen, obwohl Sie diesen nicht folgen werden, bloß um als hip zu gelten.

Wassermänner sind trotzdem normalerweise die ersten Menschen, die neue Looks ausprobieren. Oft sind sie ihrer Zeit dermaßen voraus, dass andere Leute sie (aufgrund ihrer Kleidung, Ernährungsgewohnheiten, künstlerischen Neigungen und ähnlichem) als wunderlich empfinden.

Wassermänner sind die Menschen der Zukunft. Sie spüren, wo es mit der Menschheit hingeht und versuchen alles, damit wir alle auf dem richtigen Weg bleiben.

Mondzeichen Wassermann

Uriel ist einer der weisesten Erzengel überhaupt, daher ist es ein großer Segen, dass er über Ihren Mond wacht. Denken Sie daran, dass der Mond Ihre Emotionen bestimmt. Mit einem großen Weisen wie ihm an Ihrer Seite, sollten Sie emotional also niemals allzu sehr aus dem Gleichgewicht geraten. Ein Kritikpunkt an Menschen mit dem Mond im Wassermann ist, dass sie sehr abgeklärt und distanziert sein können, was nicht sehr gesund für enge Beziehungen ist. Trotzdem hilft es Ihnen, in Krisensituation die Fassung zu bewahren. Und obwohl Sie nicht übermäßig emotional sind, haben Sie dafür das Glück, klug und weise zu sein. Wenn Sie merken, dass Sie emotional zu verschlossen sind, dann bitten Sie Erzengel Uriel, Ihnen zu helfen, wieder Zugang zu Ihren Gefühlen zu bekommen. Denken Sie daran, dass Erzengel Uriel gerne lehrt und Wissen weitergibt. Er wird Ihnen zeigen, welche Weisheit darin liegt, auf Ihre Emotionen zu hören und ihnen zu folgen.

Ihr Mondzeichen offenbart, was Sie brauchen, und ein Wassermann-Mond bedeutet, dass Sie Ihren Freiraum brauchen. Wenn Sie nicht genügend Zeit für sich selbst bekommen, fühlen Sie sich schnell angespannt. Wenn Sie wenig Zeit zum Ausruhen haben, bitten Sie Erzengel Uriel um Hilfe. Er ist ein exzellenter Problemlöser, der Ihnen dabei helfen wird, sich ungestört zurückziehen zu können.

Dieses Mondzeichen bedeutet auch, dass Sie genügend Freiraum brauchen, um so unangepasst zu sein, wie Sie möchten. Für Sie ergibt Ihre Unangepasstheit Sinn und ist völlig logisch. Sie haben manchmal Schwierigkeiten mit Menschen, die die Welt nicht aus derselben Perspektive betrachten wie Sie. Vielleicht diskutieren Sie dann mit ihnen oder manipulieren sie so, bis sie sich Ihrem Willen fügen. Denken Sie jedoch daran, dass nicht jeder Ihre Gabe besitzt, Zukunftsvisionen zu empfangen oder ein Freigeist zu sein. Bitten Sie Erzengel Uriel, Ihnen zu helfen, mehr Mitgefühl und Respekt für Menschen zu entwickeln, die vielleicht ganz anders als Sie denken.

Merkur im Wassermann

Nun, hier haben wir ja eine ganz fabelhafte Kombination: Merkur als Planet des Denkens und der Kommunikation und Wassermann als das Zeichen des erfinderischen, geistreichen Regelbrechers an der Grenze zum Genie. Und wenn Sie denken, dass das nach einer ziemlich guten Kombination klingt, die sich da in Ihrem Geburtshoroskop befindet, dann haben Sie völlig Recht.

Der Wassermann ist unbestritten das fortschrittlichste aller Zeichen.

Sie sind ein Vorwärtsdenker und zu Ideen fähig, die die Welt verändern. Okay, nicht jeder mit Merkur im Wassermann kann mit einer Idee aufwarten, die die Welt modernisieren wird, aber viele können und werden das eben doch.

Menschen mit Merkur im Wassermann sind hungrig nach ursprünglichem Wissen. Sie verabscheuen alles, was nach Langeweile und Routine klingt. Sie arbeiten gerne mit Fakten, darum können Sie mit dieser Konstellation viel gewinnen! Außerdem können Sie eine Idee weiterentwickeln wie kaum ein anderer.

Sie sehen, was da ist, und nicht das, von dem Sie sich wünschen, dass es da wäre. Sie neigen zu spontanen Geistesblitzen und denken um die Ecke. Wahrscheinlich war es sogar jemand mit Merkur im Wassermann, der die Idee des Um-die-Ecke-Denkens *erfand*. Wassermänner sind mit dem nonkonformistischen Planeten Uranus verbunden; daher kommt es, dass sie die Dinge oft anders sehen.

Der Nachteil? Das größte potenzielle Problem beim Merkur im Wassermann ist vielleicht, dass Sie immer so reserviert mit Ihren Mitmenschen umgehen. Sie fühlen sich mehr mit der Menschheit insgesamt anstatt mit einem bestimmten Individuum verbunden – es sei denn natürlich, Sie arbeiten an sich. Ihr Schutzengel ist Uriel. Wenn Sie wissen, dass Sie dazu neigen, alles immer nur verstandesmäßig zu betrachten, anstatt auch mal mit dem Herzen, dann sprechen Sie mit ihm.

Zusätzlich macht Merkur im Wassermann etwas steif oder sogar konservativ im Denken. Wenn das nach Ihnen klingt, dann sprechen Sie mit Erzengel Uriel. Es wäre eine Schande, wenn man einen großartigen Verstand wie den Ihren verschwenden würde, weil das Denken so starr geworden ist!

Venus im Wassermann

Wenn es um die Liebe geht, ist die Chance sehr hoch, dass Sie so ziemlich das *Gegenteil von anhänglich* sind. Sie sind wahrscheinlich von Zeit zu Zeit sogar ausgesprochen reserviert. Venus ist der Planet der Liebe, und Wassermann ist das Zeichen, das laut und klar sagt: »Sperr mich nicht ein!« Sie brauchen Ihren Freiraum in Beziehungen, und manchmal zeigen Sie Ihrem Partner auch die kalte Schulter, um ihn auf Abstand zu halten.

Das ist auch alles schön und gut, solange Sie sich nicht auf jemanden einlassen, der sehr viel Aufmerksamkeit braucht. Sie sind eben der sexy, abgeklärte Typ. Aber wenn Sie die wahre Liebe finden wollen, müssen Sie mit dem Denken aufhören und mit dem Fühlen anfangen! Doch wenn Sie die wahre Liebe erst einmal gefunden haben, können Sie sehr loyal und treu sein – manchmal sogar so sehr, dass andere das nicht mehr nachvollziehen können.

Uriel ist der Erzengel, der über Ihr Liebesleben wacht, wenn Ihre Venus im Wassermann ist. Sprechen Sie mit ihm, wenn es Ihnen schwerfällt, sich mit den wichtigsten Menschen in Ihrem Leben auf Seelenebene zu verbinden. Er ist einer der weisesten Engel von allen, daher wird er Ihnen helfen zu erkennen, wo Sie etwas ändern können.

Doch Sie können sich sicher sein, dass Venus im Wassermann auch ein großer Segen ist. Es ist doch wundervoll, wenn man nicht das Bedürfnis hat, sich ständig an andere Leute zu klammern. Sie begrüßen wirklich die Idee von: »Wenn man jemanden liebt, soll man ihn freilassen.« Aber Sie müssen auch aufpassen, dass Sie Liebesangelegenheiten nicht so lange »einfach laufen lassen«, dass Ihnen am Ende noch Ihr Liebster oder Ihre Liebste wegläuft! Abgesehen davon bedeutet Venus im Wassermann, dass Sie sich wahrscheinlich von unkonventionellen Menschen angezogen fühlen. Hoffentlich finden Sie also einen Partner, der Ihnen ebenbürtig ist! Öffnen Sie Ihr Herz und schauen Sie, was passiert.

Was Geld betrifft, werden Sie am erfolgreichsten sein, wenn Sie auf ungewöhnliche Art Ihren Lebensunterhalt verdienen. Menschen mit Venus im Wassermann sind oft sehr gut als Freiberufler. Das liegt zum einen daran, dass sie so unabhängige Typen sind, und zum anderen, weil sie sich ungern den Regeln anderer Menschen unterwerfen.

Mars im Wassermann

Möchten Sie über sexuelle Befreiung sprechen? Dann lassen Sie uns über Mars im Wassermann sprechen! Mars ist der Planet der sexuellen Intimität und der Antriebskraft, und Wassermann ist das Zeichen, bei dem es um Evolution und Modernisierung geht. Menschen, die mit Mars im Wassermann geboren wurden, sind oft sehr avantgardistisch, was die sexuelle Intimität anbelangt. Klingt das ganz nach Ihnen? Wenn nicht, dann müssen Sie Ihr inneres Mars-im-Wassermann-Potenzial erst noch entfesseln. Mars im Wassermann ist sehr eigenwillig und exzentrisch.

Wassermann ist das Zeichen, das gerne Regeln bricht und keine Angst davor hat, die Dinge anders zu machen. Wenn Sie Mars im Wassermann haben, dann sind Sie im Schlafzimmer sicherlich sehr experimentierfreudig und kreativ.

Menschen mit Mars im Wassermann sind Liebhaber, die frei sein wollen. Das heißt nicht, dass Sie nie eine feste Bindung eingehen werden, sondern vielmehr, dass Sie erst einmal rebellieren, sobald Sie merken, dass jemand Sie vor den Traualtar zerren möchte, Kinder mit Ihnen will und ein geregeltes Leben. Tief drinnen sind Sie nämlich ein impulsiver Revoluzzer.

Es genügt zu sagen, dass Sie Gefahr laufen, als rastloser Wanderer zu enden, mit weniger Moos als Ihnen lieb ist. Wenn Ihre Jugend vorbei ist, sollten Sie eine Balance finden zwischen Ihrem Wunsch nach Unabhängigkeit und Ihrem Bedürfnis nach einer Beziehung.

Offensichtlich hängt in Ihrem Liebesleben eine ganze Menge davon ab, für wen Sie sich letztendlich entscheiden. Der Erzengel, der über Ihrem Mars im Wassermann wacht, ist Uriel, der große Problemlöser. Wenn Sie etwas an Ihrem Sexualleben stört oder es einfach etwas intensiver sein könnte, dann sprechen Sie mit ihm.

Aszendent Wassermann

Bedenken Sie, dass der Wassermann auch als »*Aqueerius*« bekannt ist (Astrologe Eric Francis prägte diese Verballhornung von *Aquarius* – zu Deutsch Wassermann; *queer*: eigenartig, komisch). Dieses unkonventionelle Zeichen legt seinen eigenen Kurs fest – und zwar ohne Rücksicht auf die Gefühle oder Meinungen anderer Menschen. Der Aszendent reflektiert die Art und Weise, wie andere Sie wahrnehmen, und mit einem Wassermann-Aszendenten erscheinen Sie als Rebell oder Querdenker.

Ihr Aszendent bestimmt über den ersten Eindruck, den die Menschen von Ihnen bekommen. Mit dem Aszendent Wassermann und dem Erzengel Uriel, der Ihr Zeichen beherrscht, wirken Sie ungewöhnlich und weise, etwa wie ein zerstreuter Professor. Wassermänner sind jedoch stolz darauf, als seltsam und exzentrisch zu gelten. Sie als »normal« zu bezeichnen, würden sie als Beleidigung empfinden.

Menschen mit einem Wassermann-Aszendenten geben tolle Freunde ab, mit denen man viel Spaß haben kann, da sie sehr experimentierfreudig sind und gerne ausgefallenen Beschäftigungen nachgehen. Das kann auch bedeuten, dass sie mit Drogen herumexperimentieren, was für diese sorglosen Geschöpfe schnell gefährlich werden kann.

Ein typisches Beispiel für jemanden mit dem Aszendent Wassermann war eine Frau namens Jane, die für die Marketingabteilung einer riesigen Firma der Kom-

munikationsbranche arbeitete. Sie hatte ständig Schwierigkeiten, die strengen Erwartungen dieses großen Kon-
zerns zu erfüllen. Als sie älter wurde, kam ihr Aszendent,
der vorwärtsdenkende Wassermann, immer mehr zum
Vorschein. Sie wurde Veganerin, zwei Jahrzehnte bevor
das in Mode kam. Sie ließ sich auch flippige, seltsame
Haarschnitte verpassen, welche die Geduld ihres kon-
servativen Chefs stark strapazierten. Jane begann zu
meditieren und kündigte ihren hochbezahlten Job, um
Meditationslehrerin zu werden. Weil ihr Wassermann-
Aszendent ihr erlaubte, ihren Worten auch Taten folgen
zu lassen, kehrte sie schließlich wieder zurück in die Geschäftswelt, wo sie nun Meditation lehrt und ein saftiges
Gehalt bezieht. Die Leute sehen, dass Jane etwas anders
ist, doch sie lieben es.

Wenn Sie also Hilfe dabei brauchen, sich mit Ihrer
ungewöhnlichen Seite anzufreunden, so fragen Sie Erzengel Uriel, wie Sie am besten Ihre einzigartigen Ge-
schenke akzeptieren und annehmen können.

Sie können sich wegen jedem der folgenden Dinge an Erzengel Sandalphon wenden, ganz egal, was Sie für ein Sternzeichen haben:

1. Wenn Sie etwas Frieden brauchen

2. Wenn Sie Ihre übersinnlichen Fähigkeiten weiterentwickeln wollen

3. Wenn Sie eine engere Verbindung zum Göttlichen wollen

4. Um durch Musik zu heilen

5. Um offen für Kreativität zu sein

6. Wenn Sie wissen möchten, ob Ihre Gebete im Himmel angelangt sind

7. Wenn Sie in der Musikindustrie arbeiten möchten

8. Wenn Sie mit jemandem etwas sanfter und behutsamer umgehen sollten

9. Wenn Sie möchten, dass jemand etwas sanfter und behutsamer mit Ihnen umgeht

10. Wenn Sie Poesie schreiben möchten

11. Um für ein ungeborenes Baby zu beten

12. Wenn Sie spüren möchten, dass Sie mit allem Leben verbunden sind

13. Um Heilenergie oder Gebete an Ihren Bruder zu senden

14. Wenn Sie die göttliche Führung und Inspiration deutlicher hören wollen

15. Um ein Musikinstrument zu erlernen

16. Um Ihre Singstimme zu verbessern

17. Um kreatives Selbstvertrauen zu erlangen

18. Um Ihnen zu helfen, damit ein kreatives Projekt Erfolg hat

19. Wenn Sie das Meditieren erlernen oder Ihre Meditationspraxis vertiefen möchten

20. Wenn Sie auf dem spirituellen Weg steckenbleiben

KAPITEL 12

Fische und Erzengel Sandalphon

20. Februar – 20. März

Wenn man an Fische denkt, so denkt man an Wasser. Und wenn man an Erzengel Sandalphon denkt, dann denkt man Frieden. Und ja – diese beiden passen wirklich sehr gut zusammen. Die Fische sind das letzte Zeichen in der Astrologie, aber keineswegs das geringste.

Die Fische gelten als das Zeichen, das die stärksten hellseherischen Fähigkeiten hat und mit dem Göttlichen verbunden ist. Im Rad des Lebens, welches der Tierkreis ja symbolisiert, würden die Fische zu den älteren Bürgern zählen, die sich bereits auf den Heimweg in den Himmel vorbereiten. Der Erzengel der Fische, Sandalphon, ist der Überbringer von Gebeten zum Himmel. Das Zeichen der Fische steht mit dem mysteriösen 12. Haus in Verbindung, dem astrologischen Portal zu den Geheimnissen des Göttlichen. Es scheint, als wäre dieser Teil des Horoskops die Stelle, wo Erzengel Sandalphon zwischen dieser und der göttlichen Welt hin- und herschlüpft.

Die Fische sind auch das Zeichen, das mit Musik und Film assoziiert wird, was wunderbar zu Erzengel Sandalphon passt, der oft der »Engel der Musik« genannt wird. Erzengel Sandalphon überbringt Botschaften gern mithilfe von Songs, die man entweder im Radio oder aber im Kopf hört. Er ist also in der Nähe, wenn Sie zufällig genau das Lied hören, das Sie gerade brauchen.

Sandalphons Energien sind außerdem sehr sanft und weich, so wie die Fische selbst. Seine Botschaften an Sie kommen als leises Flüstern, das leicht zu überhören ist, wenn Sie nicht aufpassen. Wenn Sie Sandalphon um Hilfe gebeten haben, dann achten Sie darauf, ob Sie Songs hören, die für Sie eine besondere Bedeutung haben. Die Liedtexte könnten Botschaften von Sandalphon oder von anderen Engeln enthalten, denen Sie bewusst zuhören sollten.

Die starke Verbindung der Fische zum Göttlichen ist einer der wundervollsten Aspekte dieses Zeichens. Fische-Menschen sehen das Leben auf dieser Erde als wunderschönes Geschenk. Jeder, der jemals einen prächtigen Sonnenuntergang genossen hat, das Glück gespürt hat, wenn ein Kind geboren wird, eine besonders köstliche Mahlzeit gegessen oder die Liebe zu einem Haustier gefühlt hat, wird bestätigen können, dass unser Planet Erde besondere und einzigartige Freuden und Erfahrungen anzubieten hat. Aber für viele Leute wird das Leben erst richtig schön, wenn sie den spirituellen Weg einschlagen. Wo immer wir Fische in unserem Geburtshoroskop haben, dort ist der Bereich, in dem wir deutlich spüren können, dass wir mit dem unendlichen

Universum eins sind. Die Fische bilden den Abschluss im Tierkreis. Sie sind das Zeichen, das uns erkennen lässt, dass wir alle miteinander verbunden sind.

Wenn Sie sich spirituell oder emotional blockiert fühlen, dann bitten Sie Erzengel Sandalphon um Hilfe. Die Fische sind das Zeichen des spirituell Suchenden, und Sandalphon versteht es meisterlich, den Menschen bei ihrer Suche nach innerem Frieden zu helfen. Die beiden gehen Hand in Hand.

Die Fische sind ein starkes Wasserzeichen, und Wasser ist das Element, das für Emotionen und das Unbewusste steht. Sie können also Wasser dazu benutzen, sich selbst aufzumuntern und Ihren Geist zu klären. Gehen Sie beispielsweise im Meer baden, machen Sie einen Spaziergang am Fluss, duschen Sie oder nehmen Sie ein Bad mit Meersalz und ätherischen Ölen. Wenn Sie sich bewusst mit der magischen Heilenergie des Wassers verbinden, dann werden Sie sowohl die Fische als auch Erzengel Sandalphon dadurch aktivieren. Interessanterweise ist Sandalphons Aura türkisblau, und Türkis ist die Farbe des Wassers! Das Zeichen Fische ist friedlich, und wenn Sie sich in der Nähe von Wasser aufhalten, wird das eine sehr entspannende Energie in Ihr Leben tragen und außerdem den friedliebenden Engel Sandalphon.

Fische stehen also für Kreativität und Vorstellungskraft, daher können Fische auch so gut in ihrer eigenen Fantasiewelt leben. Manchmal werden sie daher beschuldigt, unter Wahnvorstellungen zu leiden oder sogar betrügerische Absichten zu hegen. Die Arbeit mit Erzengel Sandalphon kann Menschen mit diesem Zeichen helfen, sich zu erden und realistischer zu sein sowie bei zwischenmenschlichen Kommunikationsproblemen.

Fasziniert von andersartiger Schönheit, liebt der Fisch alles, was funkelt und schillert, regenbogenfarben ist oder an den Himmel erinnert. Außerdem neigt er dazu, in *allem* Bedeutung und Zeichen zu sehen! Stellen Sie sich die schönste Musik vor, die Sie je gehört haben – irgendetwas in der Melodie wird Sie an die Energie der Fische erinnern, und auch Erzengel Sandalphon ist darin verwoben!

Fische-Menschen sind so fantasievoll, dass sie sich oftmals weigern, sich den härteren Seiten des Lebens zu stellen. Erwarten Sie nicht, dass ein Fisch Probleme mit Ihnen ausdiskutiert. Auf der einen Seite werden Optimismus und Vertrauen oft belohnt. Doch den Fakten ganz auszuweichen, ist auch keine gute Idee. Erzengel Sandalphon kann dabei helfen, Träume und Ideale Wirklichkeit werden zu lassen.

Die Energie der Fische kann so frei und fließend sein, dass man keine klare Richtung erkennen kann. Es kann sich in dem Bereich, in dem in Ihrem Horoskop das Zeichen der Fische auftaucht, so anfühlen, als würden Sie ziellos dahintreiben. Eine große Gefahr für diejenigen, die einen starken Fische-Einfluss in Ihrem Horoskop haben, ist zudem das Risiko, zu Alkohol und Drogen zu greifen, sobald das Leben Sie enttäuscht. Es ist klar, dass diese Rauschmittel alles nur noch verschlimmern!

Nun, da Sie wissen, dass Erzengel Sandalphon bei Ihnen ist, können Sie sich an ihn wenden, wenn Sie Unterstützung benötigen. Er wird Sie aufmuntern, damit

Sie sich wieder erinnern, wer Sie wirklich sind: ein geliebtes und mächtiges Kind Gottes, das mit seiner Heilenergie und seinen Talenten die Welt erhellt. Und wenn Sie beten, wird Erzengel Sandalphon Ihre Gebete direkt in den Himmel tragen!

Fische haben erhabene, aufregende Träume. Sie müssen diese aber auch umsetzen – sonst verlieren sie sich in der Illusion, dass sie ihren Traum verfolgen, wenn sie das in Wirklichkeit gar nicht tun. Fische haben zudem eine sehr extreme Beziehung zum Geld – entweder klingelt es ständig in der Kasse oder es herrscht totale Ebbe. Sie manifestieren entweder einen extremen Mangel oder eine enorme Menge an finanziellem Zufluss. Das liegt zum Teil daran, dass man für seine Träume auch etwas tun muss, damit sie marktfähig werden. Doch wenn Fische-Menschen nur über ihr Potenzial nachsinnen und träumen, dann können sie damit auch kein Einkommen erzielen. Ihr mangelnder Handlungsdrang kann mit dem übermäßigen Gebrauch von Genussmitteln zusammenhängen. Aber ein nüchterner, fokussierter Fisch, der seine Träume in die Tat umsetzt, ist in vielerlei Hinsicht – auch finanziell – nicht zu stoppen.

Sonnenzeichen Fische

Genau wie Erzengel Sandalphon bringen Menschen mit dem Sonnenzeichen Fische Frieden, wo immer sie auch hingehen. Sie besitzen inneren Frieden, den Sie auch nach außen verströmen. Sie geben sich nicht mit einem bedeutungslosen Job oder einer langweiligen Beziehung zufrieden. Sie konzentrieren sich lieber auf große Träume, die Ihre Seele beflügeln. Außerdem sind Sie in der Lage, anderen dabei zu helfen, ihre Träume und Lebensaufgaben zu verwirklichen. Sie sind ein Suchender der höchsten Ebene und verbinden sich mit Leichtigkeit mit Erzengel Sandalphon, dem mystischen Engel, dessen Hauptaufgabe es ist, die Gebete der Menschen zu Gott zu tragen.

Fische sind das letzte Zeichen im Tierkreis, und sie sind mit außergewöhnlichen übersinnlichen Fähigkeiten ausgestattet. Vielleicht waren diejenigen, die unter diesem Zeichen geboren sind, bereits in allen anderen elf Zeichen inkarniert und konnten so ihr menschliches Potenzial voll entwickeln. Wenn Sie daran interessiert sind, Ihre Verbindung zu geistigen Welt zu vertiefen, dann wenden Sie sich an Erzengel Sandalphon, den Engel Ihres Sonnenzeichens.

Wie die Fische, so wird auch Erzengel Sandalphon stark mit Musik in Verbindung gebracht. Fische-Menschen verstehen sich hervorragend auf alles, was mit Musik zu tun hat, aber sie machen auch in den Bereichen Film, Poesie und Kunst im Allgemeinen auf sich aufmerksam. Wenn Sie Erzengel Sandalphon um Hilfe bitten, werden Sie die Antwort häufig in Form eines Songs bekommen, den Sie »zufällig« hören.

Um Ihre Träume umsetzen zu können und dadurch das glückliche Leben zu bekommen, nach dem Sie sich sehnen, bitten Sie Erzengel Sandalphon, Ihnen bei Dingen wie Motivation, Fokus und Organisation zu helfen. Anders als die jüngeren Zeichen sind Sie weder übermäßig ehrgeizig, was materielle Dinge betrifft, noch besonders konkurrenzbetont. Aber Sie sind idealistisch und möchten ein besseres Leben für sich und für andere.

Mondzeichen Fische

Wenn Leute mit dem Sonnenzeichen Fische schon angeborene übersinnliche Fähigkeiten haben, dann gilt das für Menschen mit Fische als Mondzeichen gleich doppelt. Wenn Ihr Mond in den Fischen ist, so sind Sie wirklich tief mit dem Kosmos im Einklang. Sie wissen, was Leute denken, und Sie verstehen die Energiegesetze des Universums. Es ist sehr wichtig für diejenigen, die mit dieser Konstellation geboren wurden, dass sie lernen, mit den kosmischen Informationen richtig umzugehen, die sie regelmäßig empfangen. Wenn Sie die praktischen Anwendungsmöglichkeiten Ihrer esoterischen Kenntnisse erlernen möchten, dann wenden Sie sich an Erzengel Sandalphon. Er wird Ihnen helfen, die höchsten Freuden zu erfahren, indem Sie Ihre spirituelle Weisheit in die Tat umsetzen.

Unglücklicherweise gibt es viele Menschen mit dem Mondzeichen Fische, die ihre extreme Empfindsamkeit überhaupt nicht mögen. Also flüchten Sie sich in die Isolation und in Rauschzustände, da diejenigen, die mit einem Fische-Mond inkarnieren, ohnehin Suchttendenzen aufweisen. Fische sind zudem dem Göttlichen sehr nahe, und manchmal ist die menschliche Reaktion auf diese Nähe zur göttlichen Quelle schlichtweg Überforderung.

Als Resultat können Drogen und Alkohol denjenigen, die unter diesem Zeichen geboren wurden, große Probleme bereiten.

Aber bitte entziehen Sie nicht deswegen allen anderen die Gaben Ihrer Sensitivität – Sie werden in dieser Welt gebraucht! Sprechen Sie mit Erzengel Sandalphon, wenn Sie dazu neigen, sich zu isolieren oder eine Tendenz zum Suchtmittelmissbrauch haben. Sandalphon kann Sie zu einem vertrauenswürdigen Berater oder einer kostenlosen Selbsthilfegruppe führen. Denken Sie daran, dass diese Mittel Ihnen die kreativen Ideen rauben und die Energie, die Sie brauchen, um Ihre Träume Wirklichkeit werden zu lassen.

Robert war ein klassisches Beispiel von jemandem mit dem Mondzeichen Fische, der seine Liebe zu »veränderten Bewusstseinszuständen« außer Kontrolle geraten ließ. In seiner Jugend reiste er nach Indien, fand einen Guru und versuchte die Bedürfnisse seines Fische-Mondes durch nächtelanges Chanten und Tanzen – nüchtern und glücklich – zu erfüllen. Doch als er den Aschram verließ und wieder in sein Vorstadtleben zurückkehrte, wandte er sich Drogen und Alkohol zu, um einen Ersatz zu haben. Es wäre weit besser für ihn gewesen, seine spirituelle lunare Energie anders zu channeln – in gesündere Fische-Mond-Tendenzen wie Tagträumereien, Arbeit mit nächtlichen Träumen, Meditation, Musik oder andere Leben mit seiner sanften Ausstrahlung zu berühren.

Der Mond sagt Ihnen, was Sie brauchen und was Sie »nährt«. Und bei einem Fische-Mond brauchen Sie

Poesie, Romantik und schöne Erfahrungen in Ihrem Leben. Bitten Sie Erzengel Sandalphon, Ihnen zu helfen, sich Ihre Traumwelt zu erschaffen.

Merkur in den Fischen

Merkur in den Fischen ist eine wunderbare Sache. Menschen mit Fische-Merkur sprechen oftmals sehr weich und sanft. Merkur ist der Planet der Kommunikation, der mit der Art, wie wir denken, schreiben und sprechen, assoziiert wird. Die Fische sind das Zeichen der Musik, Poesie und der Träume. Und wenn man all das kombiniert, dann erhält man jemanden, dessen Stimme und Worte so schön und melodisch wie ein Lied klingen können.

Dazu kommt, dass Sie ein wunderbarer Zuhörer sind. Die Fische sind ein sehr sanftes Zeichen. Daher neigen Menschen mit dem Merkur in den Fischen weder zu Aufdringlichkeit, noch zu Aggression – und das ist eine willkommene Erleichterung für den Rest von uns – besonders da wir in der »Hey, seht mich an!«-Kultur des 21. Jahrhunderts leben!

Der Erzengel, der über Ihren Merkur herrscht, ist Sandalphon, ein sehr harmonischer Engel. Hier haben wir also den Verstandesplanet Merkur mal mit einer sehr sanften, liebevollen Energie. Das ist eine ganz bezaubernde Energie für alle, die mit Ihnen zu tun haben!

Seien Sie sich jedoch bewusst, dass Sie mit Merkur in den Fischen leicht zerstreut wirken können. Menschen mit Merkur in den Fischen sind eher intuitiv als logisch.

Und obwohl das an sich eine schöne Sache ist, gibt es keinen Zweifel, dass Sie manchmal so Ihre Probleme mit Dingen wie Tabellen, Zahlen oder harten Fakten haben und den Durchblick verlieren. Sprechen Sie mit Erzengel Sandalphon, wenn Sie Hilfe beim Organisieren brauchen können.

Und glauben Sie nicht einmal für eine Sekunde, dass Sie mit dieser Planetenkombination irgendwie weniger wert sind als andere. Das Zeichen der Fische steht nämlich für Visionäre und Träumer – Sie können größere Träume als die meisten träumen, und mit Erzengel Sandalphons Hilfe können Sie diese Wirklichkeit werden lassen.

Die Konstellation von Merkur in den Fischen ist auch wunderbar, um Ihre angeborenen übersinnlichen Fähigkeiten zu verstärken. Wenn das etwas ist, was Sie gerne weiterentwickeln würden, dann sprechen Sie mit Erzengel Sandalphon. Er wird Ihnen auch dabei helfen, mit Ihren Träumen zu arbeiten, egal ob Sie diese analysieren wollen, um ein besseres Selbstverständnis zu bekommen, oder aber um der Führung Ihrer Träume folgen zu können.

Venus in den Fischen

Das ist die Konstellation für Romantiker, Poeten und Träumer. Venus in den Fischen bedeutet, dass Sie Ihren Liebsten oder Ihre Liebste bis zum Ende der Welt mit Romantik überschütten können, ihm oder ihr im Bett Sonette vorlesen und über seine oder ihre Träume sprechen und ihm oder ihr helfen, die Welt durch eine rosarote Brille zu sehen. *Seufz.*

Doch es gibt auch ein *Aber.* Wenn es um die Liebe geht, können Sie nämlich ein ziemlich glitschiger Fisch sein! Zum einen sind Sie unbeschreiblich idealistisch in der Liebe. Und manchmal werden Menschen mit Venus in den Fischen enttäuscht, weil sie ihre Partner auf ein Podest erheben und dann schockiert sind, wenn die Person, die sie so idealisiert haben, menschliche Fehler und Schwächen hat, so wie jeder andere auch!

Wenn ein Astrologe in einem Geburtshoroskop Venus in den Fischen entdeckt, dann ist es so, als würde er ein kleines verträumtes Tierchen dahocken sehen, das sein Herz weit geöffnet hat und nun hoffnungsfroh darauf wartet, dass die große Liebe es schon finden wird. Manchmal werden diese Leute sehr schnell verletzt, weil nicht jeder die gleichen romantischen Neigungen hat. Fische-Menschen sind daher von der Liebe bisweilen sehr verwirrt, da sie die Dinge nicht immer klar sehen können. Doch manchmal treffen sie auch ihren Seelengefährten, so wie sie das schon immer vorausgeahnt hatten, und leben glücklich zusammen bis ans Lebensende!

Und wie können Sie sicherstellen, dass Sie in die dritte Gruppe fallen? Nun, Sie müssen bei der Partnerwahl sehr klug vorgehen. Vertrauen Sie Ihren Instinkten, und meiden Sie besonders Leute, bei denen Sie spüren, dass diese zu Alkohol- oder Drogenmissbrauch neigen. Nehmen Sie die Beine in die Hand, sobald Sie merken, dass der potenzielle Partner zu viel trinkt oder sich auf illegale oder legale Drogen verlässt, um zu schlafen oder sich zu entspannen. Ihre Engel werden mit roten Flaggen wedeln, um Sie zu warnen. Und es ist auch sehr wichtig, dass Sie aus Ihrer Märchenblase hinaustreten, um die Warnzeichen der Engel überhaupt sehen und ihnen folgen zu können!

Der Engel, der über Ihr Liebesleben wacht, ist Sandalphon, der Erzengel der Musik, der Ihnen dabei hilft, dass Sie mit Ihren künstlerischen und romantischen Seiten auf dem Boden bleiben. Sprechen Sie mit ihm, falls sich schwierige Situationen ergeben sollten, und bitten Sie ihn um Hilfe, damit Sie Ihre Partner klarer sehen können.

Wenden Sie sich auch in Geldangelegenheiten an Erzengel Sandalphon. Venus herrscht über Ihren Wohlstand, und Venus in den Fischen kann bedeuten, dass Sie Ihr Geld auf sehr inspirierte Weise verdienen können. Allerdings kann es auch heißen, dass Sie logischer denken sollten, wenn um Geld geht. Erzengel Sandalphon kann Ihnen dabei helfen. Er will Ihnen auch helfen, wo er nur kann! Stellen Sie sich Sandalphon als Manager Ihres inneren Künstlers vor!

Mars in den Fischen

Mit Mars in den Fischen können Sie den Weg des friedvollen Kriegers beschreiten. Mars ist der Planet der Durchsetzungskraft, aber die Fische sind das letzte Zeichen, wenn es darum geht, sich nach vorn zu drängen. Das müssen Sie verstehen und daran arbeiten.

Wenn Ihr Mars in den Fischen steht, dann verfügen Sie über intuitive Superkräfte, die Sie auch ständig nutzen sollten – sowohl beruflich als auch in Ihrem Privatleben. Selbst wenn Sie Ihre Konkurrenz nicht beiseiteschieben wollen, so können Sie ihr doch zumindest einen Schritt voraus sein, indem Sie sich mit Ihren über*sinnlichen Fähigkeiten* informieren, was um Sie herum so vor sich geht.

Mars ist der Planet, der uns in Richtung Erfolg antreibt, und Mars in den Fischen heißt, dass Sie unbedingt Ihre intuitiven Gaben nutzen müssen, um erfolgreich sein zu können. Verstehen Sie? Je stärker Ihre Verbindung zur geistigen Welt und zur göttlichen Quelle ist, desto erfolgreicher können Sie sein.

Alles in allem sind Sie eher ein Liebhaber und kein Kämpfer. Natürlich haben wir alle zumindest einen kleinen Kämpfer in uns, aber mit dieser Astro-Kombination neigen Sie eher dazu, jemanden zu besiegen, indem Sie einfach abwarten oder Ihren Gegner verwirren. (Hey, gute Taktik, übrigens!)

Der Nachteil ist, dass Sie Konfrontationen gerne aus dem Wege gehen und daher am Ende nicht das bekommen, was Sie wollen. Und wenn Sie doch einmal ärgerlich werden, dann fühlen Sie sich nachher ziemlich schuldig deswegen.

Wenn Sie sich selbst in diesen Zeilen wiedererkennen, sprechen Sie mit dem Engel, der über Ihren Mars wacht, Sandalphon.

Sexuell gesehen (da Mars auch als Herrscher über die sexuelle Intimität fungiert), ist jemand mit Mars in den

Fischen von Romantik genauso sehr durchdrungen wie von der Lust. Sie neigen allerdings dazu, den Dingen sehr passiv ihren Lauf zu lassen, wenn es darum geht, neue romantische, sexuelle Verbindungen zu knüpfen. Sie laufen niemandem nach. Das ist in Ordnung, aber denken Sie an die Worte des griechischen Dichters Sophokles: »Das Glück ist nicht auf der Seite der Zaghaften!« Verfolgen Sie also Ihre Ziele! Und falls Sie Schwierigkeiten damit haben sollten, dann können Sie auch in diesem Fall mit Erzengel Sandalphon sprechen, der Ihnen bereitwillig helfen wird.

Aszendent Fische

Ihr Aszendent bestimmt, wie Ihre Mitmenschen Sie sehen. Aszendent Fische bedeutet, dass andere Sie als sanfte und lässig-lockere Person sehen (sogar, wenn Sie gar nicht so sind). Sie sind nicht Ihr Aszendent, das ist nur, wie andere Sie wahrnehmen. Trotzdem könnten einige Leute Sie fälschlicherweise als Schwächling einschätzen und deshalb versuchen, einen Vorteil aus Ihrer sanften Natur zu ziehen. Aber bald schon merken sie, dass Ihr wahres Ich viel härter und stärker ist, als Sie anfangs den Eindruck machen.

Normalerweise wird eine Person mit dem Aszendent Fische keinerlei Probleme haben, sich mit Sandalphon oder irgendeinem anderen Engel zu verbinden. Während alle anderen noch versuchen zu begreifen, worum es dabei überhaupt geht, hat jemand mit Aszendent Fische sich schon längst einen Meditationsaltar mit allen hilfreichen Engeln aufgestellt und kommuniziert bereits mit seinen oder ihren Engeln. Das Zeichen Fische ist sehr spirituell, und ein Fische-Aszendent bedeutet, dass man sich mit seiner Spiritualität sehr wohl fühlt.

Wenn Sie bereits auf einem spirituellen Weg sind, jedoch irgendwie nicht weiterkommen, dann bitten Sie Erzengel Sandalphon um Hilfe. Er ist dann ganz für Sie da und trägt sogar Ihre Gebete in den Himmel, sodass sie auch beantwortet werden können.

* * *

Nachwort

Wir hoffen von Herzen, dass es Ihnen Freude gemacht hat, mehr über die Erzengel in Ihrem Geburtshoroskop zu lernen. In die Astrologie einzutauchen, kann eine vorübergehende Phase sein oder sich zu einem lebenslangen Interesse entwickeln. Je besser Sie Ihr Geburtshoroskop kennen, umso mehr können Sie sich selbst auch verstehen. Es ist verblüffend, wie gut das funktioniert.

Und indem Sie mehr über die Geburtshoroskope Ihrer Lieben erfahren, werden Sie auch sie besser verstehen können. Die Astrologie ist ein Leitfaden, der immer zur Verfügung steht, um Ihnen zu helfen und Sie zu unterstützen – genau wie die Engel. Aber bitte denken Sie immer daran, die Astrologie zum Besten aller Beteiligten einzusetzen.

Doreen und Yasmin

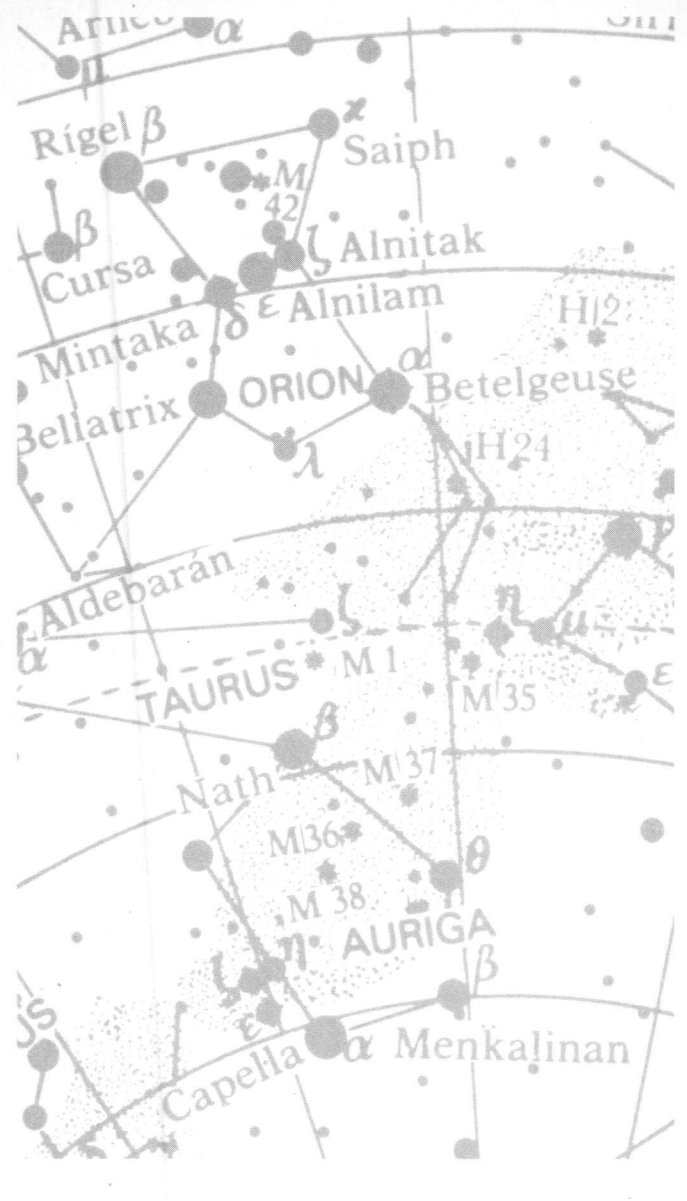